Joseba Achotegui
LA INTELIGENCIA MIGRATORIA
Manual para inmigrantes en dificultades

**SALUD
MENTAL**

© Joseba Achotegui, 2017

Corrección: Rosa Herranz Rodríguez

De la imagen de cubierta: © Cristóbal Toral, *Ensamblaje en blanco*, 2013-2014 (210 x 210 cm), Técnica mixta

Cubierta: Juan Pablo Venditti

Derechos reservados para todas las ediciones en castellano

© Nuevos Emprendimientos Editoriales, S. L., 2017

Preimpresión: Editor Service, S.L.
www.editorservice.net

ISBN: 978-84-16737-21-5
Depósito Legal: B.838-2018

Impreso en
Printed in Spain

La reproducción total o parcial de esta obra sin el consentimiento expreso de los titulares del *copyright* está prohibida al amparo de la legislación vigente.

Ned Ediciones
www.nedediciones.com

Índice

Introducción, 11

**Parte I
EMIGRACIÓN
Y SALUD MENTAL**
- → Emociones y estrés migratorio
- → Condiciones buenas, difíciles y extremas de la migración
- → Salud mental y trastornos mentales en la migración
- → Emigrar en situaciones extremas: el Síndrome de Ulises

**Parte II
ESTRATEGIAS
DE RESILIENCIA
Y RESISTENCIA**

A. Nivel individual
- → Estrategias mentales y emocionales
- → Estrategias físicas

B. Nivel grupal
- → Estrategias mentales y emocionales
- → Estrategias psicosociales
- → Estrategias sociales

**Parte III
¿CÓMO PEDIR
AYUDA?**
- → Importancia de saber encontrar la ayuda adecuada
- → Barreras a superar en la ayuda psicológica a los inmigrantes
- → Importancia de la prevención y la intervención comunitaria
- → Adecuación de la intervención psicofarmacológica
- → Aspectos éticos
- → Direcciones de interés

Bibliografía, 174

Parte I
EMIGRACIÓN Y SALUD MENTAL

- ➜ Emociones, estrés y duelo migratorio 15
  - ✓ ¿Cuáles son las vivencias y emociones básicas de la migración? ¿Cómo afecta la migración a la salud mental? 15
  - ✓ El estrés y el duelo migratorio 17
  - ✓ Características del duelo migratorio 19
  - ✓ Los siete duelos de la migración. 21
- ➜ Condiciones buenas, difíciles y extremas de la migración 23
  - ✓ Las tres grandes diferencias entre las migraciones del siglo XXI y las migraciones precedentes 25
  - ✓ Los cinco grandes tipos de inmigrantes 26
- ➜ Salud mental y trastornos mentales en la migración 26
  - ✓ Los trastornos mentales. 27
  - ✓ Los síndromes culturales 30
  - ✓ Los cuadros de estrés crónico 31
- ➜ Emigrar en situaciones extremas: el Síndrome de Ulises (SU) 32
  - ✓ Estresores y factores que dan lugar al SU 33
  - ✓ Síntomas del SU 34
  - ✓ Diagnóstico diferencial de SU 35
  - ✓ Un caso de SU. 37
  - ✓ Datos sobre el SU 38

Parte II
ESTRATEGIAS DE RESISTENCIA Y RESILIENCIA

A. NIVEL INDIVIDUAL

→ Estrategias mentales y emocionales. 41
  ✓ Mejorar las capacidades de comunicación
    y las habilidades sociales 41
    *¿Cómo afecta al emigrante tener pocas capacidades
    comunicativas, pocas habilidades sociales?* 41
    Consejos sencillos para tener más amigos y relaciones. 42
  ✓ Razonamiento 44
    *¿Qué errores de razonamiento comete más
    habitualmente el emigrante y porqué en las situaciones
    de precariedad e indefensión tienen tan graves
    consecuencias?* 44
    Consejos sencillos para razonar mejor 47
  ✓ La inteligencia emocional (IE). 50
    *Errores de IE que comete más habitualmente
    el emigrante* 50
    Consejos sencillos para una mejor IE 53
  ✓ Humor como arma de resistencia. 56
    *¿Por qué el humor es un arma contra el estrés?
    La importancia del humor en la salud mental* 56
    *Consejos sencillos para utilizar el humor como
    defensa ante las dificultades.* 58
  ✓ Arte, música y danza como elementos
    de ayuda. 59
  ✓ Incremento de la resiliencia y consejos sobre
    la elaboración de los duelos migratorios 59
    El duelo migratorio es un duelo parcial 60
    El duelo migratorio es un duelo recurrente 62
    *El duelo migratorio se halla ligado a vivencias
    infantiles muy arraigadas.* 63

El duelo migratorio afecta a la identidad. 66
El duelo migratorio comporta una regresión psicológica. 70
El duelo migratorio se vive en una serie de fases. . . . 75
La ambivalencia hacia el país de acogida y el país de origen. 77
El duelo migratorio afecta a los que emigran, a los autóctonos y a los que se quedan en el país de origen. 79
El regreso del emigrante es un nuevo cambio que tiene a su vez su parte de duelo. Nunca se vuelve, siempre se va. 83
El duelo migratorio es transgeneracional. 84
✓ Incremento de la resiliencia en los siete duelos de la migración 87
La familia y los seres queridos. 87
La lengua 90
La cultura. 93
La tierra. 98
El estatus social 102
El contacto con el grupo de pertenencia 104
El duelo por los riesgos físicos 108
→ Estrategias físicas 110
  ✓ Higiene del sueño 110
   Cómo afecta el estrés al sueño. ¿Por qué aparece el insomnio? ¿Cómo dormir mejor?. 110
   ¿Cómo influye emigrar en tener dificultades para dormir?. 111
   Consejos sencillos para dormir mejor 112
  ✓ Relajación y respiración 114
   Cómo afecta el estrés que vive el inmigrante a su capacidad de relajación 114
   Consejos sencillos para poder relajarse 115
  ✓ Ejercicio físico para el control del estrés 119
   La importancia del ejercicio físico 119
   Algunos consejos en relación al ejercicio físico 121

B. NIVEL GRUPAL

- → Estrategias mentales y emocionales 122
  - ✓ Grupos de contención y ayuda emocional 122
  - ✓ Técnicas de *role playing* 122
- → Estrategias psicosociales 123
  - ✓ Participación en grupos de autogestión y autoorganización 123
  - ✓ Participación en actividades y grupos sociales . . . 124
    - *Ventajas y limitaciones de estar en un grupo* 124
    - *Tipos de grupos de apoyo a los inmigrantes según sus características* 128
    - *Tipos de grupos de apoyo según la procedencia* 130
- → Estrategias sociales 131
  - ✓ Apoyo legal 131
  - ✓ Búsqueda de apoyo social y recursos 132
  - ✓ Grupos de defensa de los derechos de los inmigrantes 133

Parte III
¿CÓMO PEDIR AYUDA?

- → Diferenciar el estrés y el duelo del trastorno mental 137
  - ✓ El riesgo de banalizar el sufrimiento psicológico de los inmigrantes 138
  - ✓ El riesgo de medicalizar y psiquiatrizar el sufrimiento de los inmigrantes 138
    - *Convertir el estrés y el duelo en trastornos depresivos* 138
    - *El riesgo de confundir el trauma con el trastorno por estrés postraumático* 140
- → Barreras a superar en la ayuda psicológica 142
  - ✓ Barreras sociales 143
  - ✓ Barreras culturales 146

*Las diferencias culturales en la conciencia de
individualidad* 149
*Las diferencias culturales en el sentimiento
de culpa.* 150
*Las diferencias culturales acerca de la relación
mente-cuerpo.* 151
*Las diferencias culturales en la ubicación del
hombre en relación al mundo* 153
*Aspectos culturales en relación al modelo
de personalidad* 154
*Las diferencias culturales en el modelo de personalidad
ideal: la personalidad apolínea y dionisíaca* 155
*Las diferencias culturales en la distancia
jerárquica* 156
*Las diferencias culturales en la correlación
entre lo masculino y lo femenino* 157
*Las diferencias culturales en la tolerancia a la
ambigüedad: el grado de peligro de lo diferente.* 157
*La diferencia cultural en la expresividad
de las emociones* 159
Las diferencias en los valores 159
*La medicina tradicional como planteamiento que
tiene en cuenta los aspectos psicosociales y las
relaciones interpersonales* 161

➜ Importancia de la prevención y la intervención
comunitaria 163
  ✓ La ayuda psicológica debe hallarse en el marco
  de un plan de intervención comunitaria
  transcultural 163
  ✓ La importancia de los agentes y promotores
  de salud 165
  ✓ Prevención sí, hipocondrización no 167
  ✓ Tipos generales de ayuda psicológica. 169
➜ Adecuación de la intervención
psicofarmacológica 170
➜ Aspectos éticos 171
➜ Direcciones de interés 173

Introducción

Este libro tiene dos objetivos. En primer lugar, analizar las emociones, las vivencias de los inmigrantes, especialmente en relación a las dificultades con las que se puede encontrar una persona en una experiencia tan compleja psicológicamente como es la migración. Y, por otro lado, dar a conocer al lector toda una serie de estrategias, toda «una inteligencia migratoria» para ayudarle a resolver esas dificultades. Así pues, este libro va más allá de explicar los trastornos mentales de los inmigrantes, una temática clásica, sobre la que se ha escrito ya mucho.

Los consejos y recomendaciones que el lector encontrará en estas páginas son el resultado de mi experiencia como psiquiatra durante más de 35 años, mientras trabajaba en primera línea en un hospital de la zona del puerto de Barcelona. Me especializaba en la ayuda a la salud mental de los inmigrantes desplazados y refugiados. Además, he tenido experiencias como asesor en los programas de salud mental para inmigrantes en California, especialmente en las universidades de Berkeley, San Francisco y Davis.

En el marco de este trabajo, describí el año 2002, el Síndrome de Ulises, un cuadro de estrés muy intenso que viven los inmigrantes. Ahora, en este texto, mi intención es ir más allá y dar a conocer toda una serie de estrategias personales —a nivel físico y mental—, y grupales, que puedan ser de utilidad a los inmigrantes que se hallan en dificultades.

Este libro plantea toda una serie de indicaciones y consejos tanto para los inmigrantes, como para quienes proyectan emigrar, para quienes tienen lejos a algún ser querido, o simplemente para todas las personas interesadas en conocer mejor una experiencia humana tan importante como es la migración.

Parte I
EMIGRACIÓN Y SALUD MENTAL

 Emociones, estrés y duelo migratorio

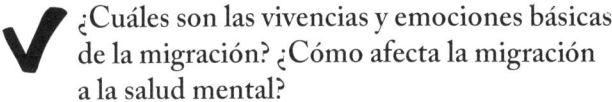 ¿Cuáles son las vivencias y emociones básicas de la migración? ¿Cómo afecta la migración a la salud mental?

La migración, como la mayoría de los acontecimientos de la vida, posee, junto a una serie de ventajas —como el acceso a nuevas oportunidades vitales y horizontes—, un conjunto de dificultades, tensiones y situaciones de esfuerzo. La parte problemática de la migración, su lado oscuro, se denomina estrés o duelo migratorio. Es importante señalar que los conceptos «estrés» y «duelo» proceden de los paradigmas cognitivo, social y psicoanalítico, y que están ampliamente aceptados por la comunidad científica. Son justamente el estrés y el duelo migratorio los que hacen de puente, los que interrelacionan la migración y la salud mental.

Muchas veces, la migración es más una solución que un problema, porque el que marcha lo hace buscando oportunidades y una vida mejor. Pero encierra, a su vez, un problema porque emigrar supone tensiones, dificultades, tanto más cuanto peores son las condiciones en que tiene lugar la migración.

Se ha señalado que, a nivel biológico, puede haber una relación entre la activación del sistema dopaminérgico y la tendencia a emigrar, ya que este sistema se halla vinculado a la búsqueda de nuevos estímulos y experiencias. Se ha intentado relacionar la migración con la actividad del gen receptor de dopamina DRD4, 7R. Los estudios muestran que existe una correlación simple entre la presencia del gen relacionado con este receptor de dopamina y la distancia a la que se ha desplazado una población desde su punto de origen (Crawford y Campbell, 2102). Este gen actúa en la región prefrontal favoreciendo la búsqueda de experiencias nuevas, entre ellas la migración.

De todos modos, los propios autores advierten de los riesgos de simplificación que conlleva este tipo de planteamientos y señalan que, aunque un metanálisis posterior corrobora la interrelación entre el gen y la migración, esta correlación no es alta (Munafo *et al.*, 2008). Además, se sabe que este gen procede de una mutación reciente de hace apenas 50.000 años, por lo que no pudo haber intervenido en la tendencia a la migración de nuestros primeros antepasados *Homo sapiens* migrantes de hace 100.000 años. Quizás por eso, otros genes denominados DRD2, COMT, DAT1 —también ligados al sistema dopaminérgico— han tenido importancia y se hallan relacionados con la actividad del córtex prefrontal.

Otras investigaciones muestran la correlación entre el tipo de personalidad y la propensión a emigrar. Como señalan Crawford, Bonvea y Frieze (2001), según investigaciones realizadas en el este de Europa con 1.000 estudiantes *primary migrants* (personas que emigran los primeros sin tener familia en el país al que marchan), éstos obtienen una puntuación mayor en motivación de poder y búsqueda de objetivos. Según estos estudios, la búsqueda de objetivos ambiciosos estaría relacionada con la capacidad de aceptar riesgos, como los asociados a la migración. En general, estas personas se centran en el trabajo, y menos en la familia. Sin embargo, también se aprecia que las mujeres emigrantes tienen bastante más motivación afiliativa que los hombres, aunque comparten el deseo de logros.

Otros estudios realizados en los países escandinavos muestran que las personas que tienden a emigrar tienen índices mayores de insatisfacción en su vida (lo cual es lógico, si no, no se irían). En el caso de los hombres, a diferencia de las mujeres, se observan puntuaciones elevadas de extraversión y neuroticismo. Un estudio de Jokela en Finlandia muestra que las personas que emigran son más sociables, activas y emotivas, están más abiertas a la experiencia.

 El estrés y el duelo migratorio

La capacidad de emigrar es un recurso adaptativo muy importante de los seres vivos. En el caso de los humanos, constituye además una de las característica más relevantes de nuestra especie y se considera que es una de las mejores explicaciones de nuestro éxito evolutivo (Science, 2003). En los poco más de 100.000 años que llevamos fuera de nuestra cuna africana, los *Homo sapiens sapiens* hemos sido capaces de adaptarnos a todos los hábitats del planeta tierra, por extremos que fueran. Hoy los seres humanos habitamos desde los desiertos más inhóspitos imaginables (pensemos, por ejemplo, en los tuaregs) hasta las zonas polares más extremas (inuits, siberianos), las selvas más impenetrables (los yanomanis del Amazonas), o las islas más remotas y aisladas (los habitantes de la isla de Pascua). En apenas unas 7.500 generaciones, hemos demostrado nuestra gran capacidad para emigrar adaptándonos a todo tipo de entornos.

Dado que descendemos de seres que han emigrado con éxito a lo largo del proceso evolutivo y poseemos grandes capacidades de adaptación, se considera que la migración no es en sí misma una causa de trastorno psíquico, sino que es un factor de riesgo para la salud mental, si se dan las siguientes condiciones:

1. Existe vulnerabilidad: la persona que emigra no está sana o padece discapacidades, limitaciones que dificultarán el éxito de su migración. Por ejemplo, un infarto, una psicosis, etcétera.
2. El nivel de estresores es muy alto porque el medio de acogida es hostil: racismo, negación de los derechos de los inmigrantes, etcétera.
3. Concurren ambas condiciones.

Es decir, la migración constituye un factor de riesgo en relación a la labilidad del inmigrante y a los obstáculos que encuentra en su adaptación al país de acogida, o a ambas circunstancias a la vez. Si alguien va cojeando y cada vez le ponen el listón más alto… tiene grandes posibilidades de tener problemas. La vulnerabilidad sería el conjunto de limitaciones que posee un sujeto y los estresores serían las barreras que encuentra en el país de acogida. Ambos dificultan el éxito del proceso migratorio.

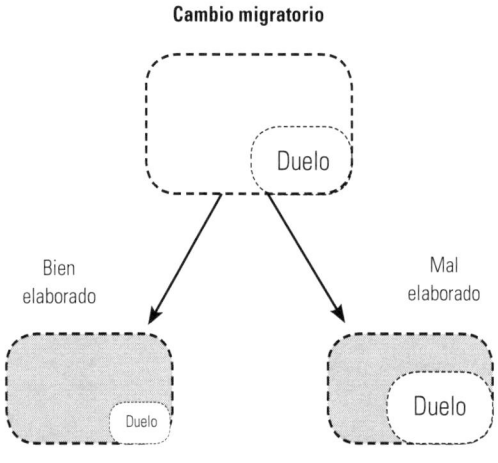

Figura 1. Cambio y duelo migratorio. (Fuente: Achotegui, 2002).

Como se puede ver en la figura anterior, en el cambio migratorio suelen predominar las variables positivas frente a las dificultades o problemas a elaborar (el duelo, representado por el recuadro interior). De suyo, si este duelo migratorio se elabora bien se reduce aún más, aunque no desaparece del todo (esquina inferior izquierda de la figura). Sin embargo, tal como hemos señalado, si las circunstancias, personales o sociales, son problemáticas, los beneficios de la migración disminuyen y predominan los aspectos negativos (esquina inferior derecha de la figura); el duelo que no se puede elaborar, aumenta y «se come» los beneficios de la migración conduciendo al inmigrante a una situación de crisis permanente que afecta a su salud mental.

Es interesante señalar que el término «duelo» en castellano también puede entenderse en su acepción de reto, no sólo de dolor, lo cual es muy interesante, ya que recoge buena parte de nuestro planteamiento: reto es también estímulo, oportunidad; hay dolor, pero también da acceso a vivencias y experiencias nuevas… La migración podría compararse con esa imagen tan querida de la cultura andaluza, la de la virgen de la Macarena, que con un ojo ríe y con el otro llora; es una combinación de lo bueno y lo malo.

 Características del duelo migratorio

El duelo migratorio posee características específicas que lo diferencian de otros duelos —por ejemplo, el duelo clásico por la muerte de un ser querido— y que son muy importantes para comprender las vivencias de un inmigrante.

Características específicas

1. Es un duelo parcial. No hay una desaparición, sino una separación del país de origen. Cuando alguien muere, ya no lo vemos más. En la migración hay una separación en el tiempo y en el espacio del país de origen, pero en la mayoría de los casos puede ser reversible.

2. Es un duelo recurrente. Va y viene durante la vida del sujeto. El contacto con el país de origen, su lengua, su cultura reaviva el duelo migratorio. Es importante añadir que en el contexto de la globalización este contacto es mucho más frecuente e intenso que en otras épocas (internet, redes sociales, etcétera).

3. Es un duelo vinculado a aspectos infantiles muy arraigados. La personalidad se construye en la infancia adaptada a un determinado contexto. Cuando emigra, la persona ha de hacer cambios para adaptarse al nuevo medio.

4. Da lugar a un cambio en la identidad. Los cambios vividos en la migración modifican para bien o para mal la identidad de la persona que emigra. Nadie permanece igual tras emigrar.

5. Da lugar a una regresión. Como en la migración se viven situaciones de estrés y de tensión, hay una tendencia a actuar de modo más inmaduro e infantil.

6. Tiene lugar en una serie de fases. Suele haber una primera fase de negación de los problemas, una fase de resistencia y una fase de aceptación e integración.

7. Se acompaña de sentimientos de ambivalencia. El inmigrante tiene vínculos tanto con el país de origen como con el país de acogida, pero también tiene quejas tanto del país de origen (del que tuvo que marchar) como del país de acogida, que le exige mucho esfuerzo para salir adelante.

8. El duelo migratorio también lo viven los autóctonos y los que se quedan en el país de origen. La migración es un fenómeno social que no sólo afecta a los que emigran, sino también a los que reciben a los inmigrantes —que ven cambiar su entorno— y a los que se quedan en el país de origen —que también se separan de sus seres queridos—.

9. El regreso del inmigrante es una nueva migración. Nunca se vuelve, siempre se va. Durante el tiempo vivido en la migración, el inmigrante y el país de origen han cambiado.

10. Es transgeneracional. Los hijos de los inmigrantes se encuentran entre la cultura de los padres y la del país de acogida, y han de elaborar su propio proceso de adaptación.

11. Es un duelo múltiple. Hay siete duelos en la migración (véase el siguiente apartado).

Figura 2. Características específicas del duelo migratorio.
(Fuente: Achotegui, 2014).

Los siete duelos de la migración

Tal como hemos señalado en el apartado anterior, el duelo migratorio es un duelo múltiple. Hay siete duelos:

1. Duelo por la familia y los seres queridos. Se relaciona con la ruptura del apego, un instinto muy importante en los seres humanos y considerado del mismo rango que los instintos sexuales o las alimentaciones.
2. Duelo por la lengua. El aprendizaje de la lengua —o las lenguas— del país de acogida es un proceso que supone satisfacción y placer, pero también requiere esfuerzo. La evolución no nos ha dotado especialmente para el aprendizaje de lenguas más allá de los primeros años de la vida.
3. Duelo por la cultura. Abarcaría los valores, la concepción del mundo, los hábitos alimentarios, la forma de vestir, el ocio, la espiritualidad, etcétera. Da lugar al denominado estrés aculturativo.
4. Duelo por la tierra. La «tierra» comprende el paisaje, los colores, los olores, la luminosidad, la temperatura, la humedad, etcétera; aspectos que poseen gran relevancia a nivel emocional.
5. Duelo por el estatus social. Tiene que ver con todo lo relacionado con los papeles, el trabajo, la vivienda, el acceso a las oportunidades, etcétera. La migración, en general, busca una mejora del estatus social, pero este punto no debe entenderse sólo desde la perspectiva económica, sino también en relación al acceso a bienes culturales, libertad, etcétera.
6. Duelo por el grupo de pertenencia. Las personas suelen identificarse con algún grupo de pertenencia y en la migración esa identificación se modifica al entrar en interacción con otros grupos El inmigrante se puede encontrar con actitudes de xenofobia o racismo que dificultan su integración en la sociedad de acogida.
7. Duelo por los riesgos físicos. Incluye los peligros en los viajes migratorios, vivir en situaciones de exclusión, etcétera. Los riesgos físicos afectan más que los psicológicos porque se considera que entrañan más peligro para la integridad del sujeto, puesto que su capacidad de respuesta, de adaptación, ante este tipo de problemas es menor, más difícil.

Figura 3. Los siete duelos de la migración. (Fuente: Achotegui, 1999).

> ### El duelo migratorio como duelo múltiple
>
> Explicaba el Dr. Font, psiquiatra jesuita, una anécdota de su experiencia de trabajo con inmigrantes españoles en Alemania en los años 1960 que recoge magistralmente todo lo que he intentado explicar conceptualmente.
>
> Un día le preguntó a un inmigrante español en Frankfurt:
>
> —¿Qué tal el alemán?, ¿lo vas aprendiendo?
>
> —Hombre, es difícil... Las conjugaciones, las palabras tan largas... pero, bueno, voy aprendiendo.
>
> —Y la comida, ¿qué tal la comida?
>
> —Bueno, es muy diferente; los sabores son distintos... pero, bueno, me voy adaptando.
>
> —Y el clima, ¿se adapta?
>
> —Hombre, hace un frío que pela; enseguida está oscuro, llueve mucho, pero, bueno, voy tirando...
>
> —Y la gente, ¿qué tal con los alemanes?
>
> —Bueno, muy buena gente, pero son muy suyos; me lo tomo con calma... Pero ¡oiga!... ¡Todo junto!: la lengua, la comida, el clima, la gente... Esto, padre, ¡no hay dios que lo aguante! ¡Que no para de llover!, ¡que no entiendo nada!, ¡menuda comida tienen aquí!

Estos siete duelos afectan a todas las esferas de la vida de la persona, de ahí su gran relevancia psicológica y psicosocial. Por eso, suelen emigrar, en general, personas jóvenes y sanas, porque hay que hacer frente a numerosos cambios y no todas las personas se ven capaces de afrontarlos.

Condiciones buenas, difíciles y extremas de la migración

No es lo mismo emigrar en buenas condiciones que en condiciones difíciles o extremas. Hacemos referencia al duelo en general, pero el duelo puede poseer diferentes grados de dificultad, de intensidad. Desde esta perspectiva, consideramos relevante la diferenciación entre el duelo simple, el duelo complicado y el duelo extremo. Esta diferenciación es muy importante porque contribuye a mesurarlo. De la misma manera que no es lo mismo deber 50 euros que deber 50.000 o 5 millones —aunque las tres cantidades son deudas—, no es lo mismo un duelo que es posible resolver que un duelo difícil o que un duelo extremo, aunque, como hemos señalado, es muy importante tener en cuenta también la vulnerabilidad o la fortaleza del sujeto ante las situaciones de estrés y de duelo.

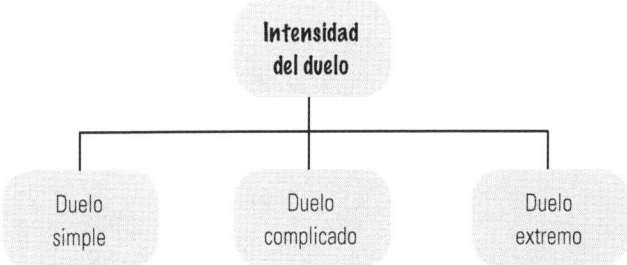

Figura 4. Los grados de la intensidad del duelo. (Fuente: Achotegui, 2002).

Así pues la migración se puede vivir:

- en buenas condiciones (duelo simple),
- en condiciones difíciles con serios problemas para salir adelante, aunque se puedan ir superando (duelo complicado), o
- en circunstancias tan duras que no es posible la adaptación (duelo extremo).

Precisamente, de esta comparación ha surgido el planteamiento del Síndrome de Ulises al comprobar hasta qué punto han empeorado las circunstancias de las nuevas migraciones. Este cambio puede apreciarse fácilmente si analizamos la foto de un grupo de emigrantes españoles o de otro país europeo de los años 1960 despidiéndose de sus familiares para ir a América en un barco, cantando, emocionados ante la nueva vida llena de retos y de oportunidades que tienen por delante, el proyecto de hacer «las Américas»; y una foto de los nuevos emigrantes llegando en una patera a las costas del Mediterráneo exhaustos, hambrientos, asustados...

Sólo con comparar estas dos imágenes está todo dicho: no es lo mismo emigrar en barco, que en patera; no es lo mismo emigrar en condiciones difíciles —porque al emigrante, obviamente, nunca le han regalado nada—, que en condiciones extremas.

Evidentemente, ni todo el mundo emigraba antes en barco, ni todo el mundo llega ahora en patera, pero el barco ha sido siempre una imagen simbólica de la migración y, además, ahora el viaje en patera es casi el único momento en el que la migración es visible. Luego los migrantes ya son invisibles, son los nadie; como Ulises en la *Odisea*.

En mi caso, puedo explicar, además, que he visto con mis propios ojos las dos situaciones que acabo de describir. Yo mismo acudí varias veces de niño a despedir a tíos y familiares que marchaban a América. Recuerdo perfectamente los cánticos, las despedidas en el puerto de Bilbao o en el puerto de Santander; recuerdo hasta las hermosas canciones que cantábamos. Y también he podido ver con mis propios ojos la llegada de los nuevos inmigrantes en las pateras a nuestras costas, en Tarifa —en la costa de Cádiz— o en el faro de la Entallada —en la isla de Fuerteventura—; hombres, mujeres y niños asustados, indefensos. He vivido las dos experiencias emocionales y puedo decir bien claro que son radicalmente diferentes.

 ## Las tres grandes diferencias entre las migraciones del siglo XXI y las migraciones precedentes

Tres grandes diferencias entre las migraciones del siglo XXI y las migraciones precedentes:

1. **Rupturas** familiares.
   Ya no emigran familias enteras como las que reflejaba la clásica novela *Las uvas de la ira* de John Steinbeck —en la que los Jaed viajan juntos por la mítica carretera 66 hacia California— o como las familias que hemos visto tantas veces viajando juntas en las caravanas de las películas del Oeste—. Hoy emigran hombres, mujeres, incluso niños, pero ya no viajan juntos. Además, con cada nueva reforma de las políticas migratorias se incrementan los obstáculos y las dificultades para la reagrupación familiar. A esto hay que añadir la «desagrupación familiar», ya que las familias que con tantas dificultades habían logrado reagruparse se están rompiendo nuevamente por la crisis, obligando a reenviar a los niños a los países de origen.

2. **Exclusión social** estructural.
   Muchos inmigrantes sufren una ausencia radical de oportunidades. Podríamos decir que, para ellos, no es que el ascensor social se haya estropeado; ¡es que ha sido arrancado de cuajo!

3. **Criminalización** del inmigrante.
   Nunca en la larga historia de las migraciones —que es la propia historia de la humanidad— se había considerado que emigrar era un delito, como es un delito, por ejemplo, robar. Así, en julio de 2009 se aprobó en Italia la ley Maroni, que incluye la migración como delito en el código penal. Desde entonces, la lista de países que han legislado en este mismo sentido no ha cesado de aumentar.

Figura 5. Diferencias entre las migraciones actuales
y las migraciones anteriores.

Los cinco grandes tipos de inmigrantes

Actualmente, desde el punto de vista de las dificultades que viven en la migración, podríamos diferenciar cinco grandes grupos de inmigrantes:

1. Los ricos. Se mueven a placer por todo el mundo. No se pierden un cumpleaños o una fiesta familiar. Se dice que los ricos no emigran, «tienen movilidad». En la mayoría de los países, si compras una casa, te dan los papeles. Hoy, el derecho a emigrar está en venta. Se compra.
2. Los inmigrantes regularizados. A pesar de que legalmente tienen todos los derechos, es frecuente que vivan situaciones de discriminación y exclusión. Sin embargo, en comparación con los indocumentados, a pesar de todos sus problemas, constituyen una *high class* en la migración.
3. Los inmigrantes regularizados que, sin embargo, no tienen todos los derechos. Por ejemplo, no tienen derecho a traer a la familia, no tienen acceso a determinados puestos de trabajo, etcétera.
4. Los «semirregularizados». Los sin papeles sobrevenidos, los que corren el riesgo de perder la documentación, los que no tienen recursos para reagrupar a la familia; en algunos casos, ni siquiera los abogados saben en qué situación legal están.
5. Los sin papeles. Están estructuralmente fuera del sistema. Se estima que son 50 millones, más 70 millones de refugiados, la mayoría sin protección. Son los principales candidatos a vivir situaciones de estrés crónico y múltiple, como el Síndrome de Ulises.

Figura 6. Tipos de emigrantes en función del grado de dificultades a las que se enfrentan en su migración.

 Salud mental y trastornos mentales en la migración

Tal como hemos señalado, emigrar constituye un factor de riesgo desde la perspectiva de la salud mental por el incremento del estrés que supone. Sin embargo, dado que existen muchos tipos de personas que emigran y lo hacen en muy diferentes condiciones sociales y culturales, no es fácil establecer una correlación simple entre la migración y el trastorno mental. Además, hay que tener en cuenta que muchos inmigrantes, a pesar del sufrimiento psíquico que padecen por las difíciles situaciones que viven (soledad, miedo, indefensión, etcétera), no padecen trastornos mentales, sino cuadros del tipo del estrés, como el Síndrome de Ulises.

Figura 7. Clasificación de los cuadros y trastornos mentales relacionados con la migración.

Tal como señala la figura 7, desde la perspectiva de la salud mental y la psicopatología en la migración, se pueden establecer tres grandes áreas: los trastornos mentales, los síndromes culturales y el Síndrome de Ulises.

 Los trastornos mentales

Hoy sabemos que los inmigrantes tienen los mismos tipos de trastornos mentales que el resto de la población (los autóctonos o aquellos que se quedan en su país de origen). Por lo tanto, los trastornos mentales son universales, se dan en todas las culturas porque son una mochila que nos la legado la historia evolutiva. De este modo, podemos encontrar psicosis, trastornos obsesivos, depresiones, etcétera en todas las culturas del planeta.

Pero, a la vez, se ha de tener en cuenta que la expresión de la sintomatología de los trastornos mentales está condicionada por las características culturales de la persona. La cultura es como el filtro a través del cual se expresa la sintomatología. Así, por ejemplo, la depresión en la cultura occidental está vinculada a la culpa, mientras que en otras culturas se somatiza mucho más; sin embargo, la psicosis catatónica se da más en la India o Senegal que en Occidente.

Sin embargo, existe un gran debate acerca de la existencia de algunos cuadros que podrían ser específicos de algunas culturas, tal como veremos en el siguiente apartado.

Desde los años 1970, importantes investigaciones de la Organización Mundial de la Salud (OMS) realizadas simultáneamente en todo el mundo han mostrado que los trastornos mentales son universales, y que los inmigrantes tienen el mismo tipo de trastornos mentales que la población de los países de acogida. Para entender la relevancia de estos trabajos, se ha de tener en cuenta que se llevaron a cabo en un momento histórico en las que las llamadas «culturas tradicionales» se mostraban ante el investigador de modo mucho más genuino que actualmente, ya que hoy, con la globalización que vivimos, todos compartimos en gran parte una cultura común. Por esta razón, estas investigaciones poseen un importante valor antropológico y clínico.

Sin embargo, tras numerosas investigaciones no hay acuerdo acerca de si las personas que emigran tienen un mayor índice de trastorno mental que aquellas que se quedan en sus países de origen o que los autóctonos del país de acogida. Ya desde los clásicos trabajos de Odegard de los años 1930, ha existido polémica acerca de la incidencia del trastorno mental entre los inmigrantes. Este autor detectó que el porcentaje de inmigrantes noruegos en los hospitales psiquiátricos públicos de Estados Unidos era elevado, y planteó que los inmigrantes tenían un mayor índice de trastorno mental que los autóctonos. Posteriormente, esta conclusión ha sido muy debatida, dado que, obviamente, no todos los sectores sociales acceden en la misma proporción a los hospitales psiquiátricos públicos, debido a la incidencia de factores económicos, sociales, culturales, etcétera.

Como señala la revisión de I-Chao Liu y A. Cheng de la Universidad de Taiwan (2011), hay muchos factores que inciden en la relación entre migración y salud mental, por lo que no se puede establecer una correlación simple. Existen numerosos tipos de personas que emigran y lo hacen en muy diferentes circunstancias personales sociales y culturales. En todo caso, en cuanto al riesgo de padecer trastorno mental, parece que los factores más relevantes son haber tenido problemas en las primeras etapas de la vida y tener actitudes culturales que dificultan el contacto con el país de acogida.

Por su parte, la revisión de Kirlbride y Jones de la Universidad de Cambridge (2011) sí considera que en algunos países los inmigrantes tienen mayores índices de trastorno mental que los autóctonos, especialmente de psicosis, como en el caso de los afrocaribeños emigrados al Reino Unido. Sin embargo, estas conclusiones han sido cuestionadas desde sectores de la psiquiatría transcultural que relacionan la mayor incidencia de trastornos con los factores sociales negativos que afectan a esta comunidad. Asimismo, otras revisiones han destacado que las tasas de trastorno mental de los inmigrantes son superiores a las de los compatriotas que no han emigrado y han permanecido en su país.

En el caso de los refugiados —una problemática especialmente dramática en estos momentos por las numerosas guerras en el mundo—, el trastorno por estrés postraumático es una patología muy relevante. Se calcula que afecta en torno al 15%-20% de las personas que han vivido torturas o situaciones de violencia.

Se ha planteado también que los hijos de inmigrantes tienen un índice mayor de trastorno mental que sus propios padres, dado que crecen entre dos culturas —la de sus padres y la del país de acogida— que muchas veces están en conflicto. Además, sufren las consecuencias del estrés que viven sus padres y la ausencia de la familia extensa.

 **Los síndromes culturales**

Tal como hemos señalado, existen algunos trastornos —los denominados síndromes culturales o *culture-bound syndromes*— que formarían un conjunto de cuadros atípicos característicos de algunas culturas. Se han descrito más de 180 cuadros, aunque siempre ha existido un debate acalorado acerca de hasta qué punto son cuadros originales de determinadas culturas, son variantes culturales de cuadros universales o «artefactos conceptuales» de los investigadores occidentales al estudiar otras culturas. Son cuadros difíciles de clasificar que pertenecen al área de la histeria, los trastornos disociativos, etcétera, y muchos autores consideran que también se pueden ver en la cultura occidental.

Algunos de los más relevantes son:

- El Dhat. Es un cuadro que se da en las culturas asiáticas y que posee características depresivas e hipocondríacas relacionadas con la pérdida de semen, fundamentalmente con la masturbación. Hay que tener en cuenta que ya el ayurveda, hace más de 4.000 años, recoge que el semen es uno de los mayores reservorios de energía que existen, por lo que su pérdida comporta fatiga, tristeza y postración. Sin embargo, se podría objetar que, hasta hace no tanto tiempo, la cultura occidental también consideraba que la masturbación originaba trastornos mentales, tal como recogían muchos manuales clásicos de psiquiatría.

- El Amok. Es un cuadro que consiste en accesos de ira y furia contra las personas y las cosas que rodean al paciente. Está precedido por una etapa de tristeza. Tras el ataque, la persona no recuerda nada y se muestra exhausta. En este caso, se ha señalado la poca especificidad cultural del cuadro, ya que casos así pueden encontrarse simplemente con abrir un periódico en Estados Unidos o en Europa.
- El Koro. Es un síndrome cultural en el que el paciente varón tiene la delusión de que su pene se empequeñece y se hunde en el vientre hasta desaparecer o, en el caso de las mujeres, un temor a la desaparición de la vulva, la vagina y los pechos. Sin embargo, habría que señalar que pocas fantasías y ansiedades son tan universales como las relacionadas con el tamaño de los genitales masculinos.

En definitiva, en torno a los síndromes culturales sigue habiendo un gran debate, ya que se discute si en realidad no son constructos planteados desde la percepción occidental. Hay que señalar que el *Manual diagnóstico y estadístico de los trastornos mentales* (DSM-5), con merecida fama de incrementar el número de aquellos que acepta los ha sacado de la clasificación.

 Los cuadros de estrés crónico

Este punto se desarrolla en profundidad en el siguiente apartado.

➡️ Emigrar en situaciones extremas: el Síndrome de Ulises (SU)

> ... y Ulises pasábase los días sentado en las rocas, a la orilla del mar, consumiéndose a fuerza de llanto, suspiros y penas, fijando sus ojos en el mar estéril, llorando incansablemente... (Odisea, Canto V: 150)
> ... me preguntas cíclope cómo me llamo... voy a decírtelo. Mi nombre es nadie y nadie me llaman todos... (Odisea, Canto IX: 360).

Emigrar se está convirtiendo hoy para millones de personas en un proceso que implica unos niveles de estrés tan intensos que llegan a superar la capacidad de adaptación de los seres humanos. Estas personas sufren el riesgo de padecer el síndrome del inmigrante con estrés crónico y múltiple o Síndrome de Ulises (denominación que hace alusión las innumerables adversidades y peligros que padeció el héroe griego lejos de sus seres queridos).

Sin embargo, tal como hemos señalado, hoy sabemos que a nivel antropológico la capacidad de emigrar constituye uno de los rasgos distintivos de nuestra especie y se halla en la base de nuestro gran éxito evolutivo (Science, 2003).

Obviamente, ante esta situación, la pregunta es: siendo los humanos tan buenos emigrantes, ¿cómo puede ser que emigrar hoy resulte tan terrible para mucha gente hasta tal punto que afecte a su salud mental? Nunca, en nuestra experiencia de trabajo de atención a la salud mental de los inmigrantes desde los años 1980, habíamos presenciado situaciones tan dramáticas como las actuales. Y, sin embargo, existe una gran deshumanización al abordar las migraciones de hoy, ya que se presta muy poca atención a los sentimientos, a las vivencias de los protagonistas de la migración, a los inmigrantes, frente al gran interés por los aspectos económicos y demográficos.

Ya hemos señalado que, desde la perspectiva psicológica, se considera que la migración es un acontecimiento de la vida que, como todo cambio, implica un estrés, una tensión, al que se denomina duelo migratorio. Tal como planteamos anteriormente (Achotegui, 2002), consideramos que existen siete duelos en la migración relacionados con la familia, la lengua, la cultura, la tierra, el estatus social, el grupo de pertenencia y los riesgos físicos.

Estos duelos se dan, en mayor o menor grado, en todos los procesos migratorios, pero, tal como hemos visto, no es lo mismo vivir la migración en buenas condiciones (duelo simple) que emigrar en situaciones límite (duelo extremo), cuando las condiciones son tan difíciles que no hay posibilidades de elaboración del duelo y la persona entra en crisis permanente. Este tipo de duelo migratorio es el característico del Síndrome de Ulises.

 Estresores y factores que dan lugar al SU

Los estresores más importantes son:

- La separación forzada de los seres queridos que supone una ruptura del instinto del apego.
- El sentimiento de desesperanza por el fracaso del proyecto migratorio y la ausencia de oportunidades.
- La lucha por la supervivencia (dónde alimentarse, dónde encontrar un techo para dormir, etcétera).
- El terror que viven en los desplazamientos migratorios (el viaje en pateras o escondidos en camiones), las amenazas de las mafias, el miedo a ser detenidos y expulsados, la indefensión por carecer de derechos, etcétera.

Pero, además, estos estresores —que, ya de por sí, sobrepasan el clásico estrés aculturativo— están potenciados por toda una serie de factores:

- La multiplicidad. Cuantos más estresores confluyan, mayor será el riesgo, pues los estresores se potencian entre ellos.
- La cronicidad. Estas situaciones límite pueden afectar al inmigrante durante meses o incluso años.
- El sentimiento de que haga lo que haga el individuo no puede modificar su situación (conocido como indefensión aprendida —Seligman, 1975— o ausencia de autoeficacia —Bandura, 1984—).
- Los déficits en sus redes de apoyo social (conocidos como el capital social —Coleman, 1984—).
- Las incorrecciones en la atención de este síndrome por parte del sistema sanitario y asistencial. Consideramos que, lamentablemente, con demasiada frecuencia hay profesionales que banalizan esta problemática —por desconocimiento, por insensibilidad, incluso, por racismo— o no diagnostican adecuadamente este cuadro como un cuadro reactivo de estrés, por lo que tratan a estos inmigrantes como enfermos depresivos, psicóticos o enfermos somáticos. En estos casos, el sistema sanitario se convierte en un estresor adicional para los inmigrantes.

✓ Síntomas del SU

Como es obvio, la vivencia de situaciones de estrés tan prolongadas e intensas afecta profundamente a la personalidad del sujeto y a su homeostasis, al eje hipotálamo-hipófisis-médula suprarrenal, al sistema hormonal y al muscular, etcétera, dando lugar a una amplia sintomatología que incluye síntomas del área depresiva (fundamentalmente tristeza y llanto), síntomas del área de la ansiedad (tensión, insomnio, pensamientos recurrentes e intrusivos, irritabilidad), síntomas del área de la somatización (fatiga, molestias osteoarticulares, cefalea, migraña —de hecho, es frecuente que, para abreviar, se denomine «in-migraña»—) y síntomas del área confusional que están relacionados con el incremento de cortisol y pueden ser erróneamente diagnosticadas como trastornos psicóticos. Además, con frecuencia, esta sintomatología es interpretada por el sujeto de acuerdo con su propia cultura; así, es frecuente oírle decir: «no puede ser que tenga tan mala suerte», «a mí me han tenido que echar el mal de ojo», «me han hecho brujería»...

 Diagnóstico diferencial del SU

El Síndrome de Ulises no es una enfermedad; se ubica en el ámbito de la salud mental que es más amplio que el ámbito de la psicopatología. El SU es un cuadro reactivo de estrés ante situaciones de duelo migratorio extremo que no pueden ser elaboradas. A nuestro parecer, plantear la denominación «Síndrome de Ulises» contribuye a evitar que estos inmigrantes, al no existir un concepto adecuado para su problemática, se conviertan en víctimas.

Por un lado, el SU evita la desvalorización de sus padecimientos. El SU evita que se les diga que no tienen nada cuando, en ocasiones, llegan a acumular hasta 10 síntomas. Por otro lado, el SU evita el riesgo de que sean diagnosticados incorrectamente como enfermos depresivos —a pesar de que no sólo no tienen apatía, sino que son proactivos; no sólo no tienen ideas de muerte, sino que están llenos de proyectos e ilusiones—, como casos de trastornos adaptativos —a pesar de que su reacción es totalmente proporcional a los estresores de pesadilla que padecen— o como casos de trastorno por estrés postraumático —a pesar de no tener conductas de evitación, ni pensamientos intrusivos en relación a situaciones traumáticas—.

Área de la salud mental	Síndrome de Ulises	Psicopatología
No banalizar		No medicalizar

Figura 8. Verificación del SU en el límite del área de salud mental y la psicopatología.

Tal como señala la figura 8, el Síndrome de Ulises se halla en el límite entre el área de la salud mental y el área de la psicopatología. En consecuencia, consideramos que es muy importante no incurrir en dos errores: por un lado, banalizar este cuadro al interpretar que a estos inmigrantes no les pasa nada (la banalización del mal que señalaba Hanna Arendt), y, por otro, medicalizarlos al interpretar que padecen una enfermedad mental.

Haciendo una metáfora, el Síndrome de Ulises es como si en una habitación se subiera la temperatura hasta los 100°C. Tendríamos mareos, calambres… ¿Estaríamos enfermos por tener estos síntomas? Decididamente, no. Cuando saliéramos al aire libre, estos síntomas desaparecerían porque corresponden simplemente a un intento de adaptación fisiológica a esa temperatura elevada ante la que no funciona nuestra termorregulación. Sin embargo, si alguien en la sala tuviera un infarto, un cólico, sí estaría enfermo. Lógicamente, y siguiendo con la metáfora, en el caso del Síndrome de Ulises, estos síntomas se tratarían de una depresión, una psicosis…

Es decir, el Síndrome de Ulises se halla inmerso en el área de la prevención sanitaria y psicosocial, más que en el área del tratamiento. En consecuencia, su intervención deberá ser fundamentalmente de tipo psicoeducativo y de contención emocional, por lo que atañe no sólo a psicólogos médicos o psiquiatras, sino también a trabajadores sociales, enfermeros, educadores sociales y otros profesionales asistenciales.

Malos tiempos aquellos en los que la gente corriente ha de comportarse como héroes para sobrevivir. Ulises era un semidios que, sin embargo, a duras penas sobrevivió a las terribles adversidades y peligros a los que se vio sometido. Pero las gentes que llegan hoy a nuestras fronteras tan sólo son personas de carne y hueso que, sin embargo, viven episodios tanto o más dramáticos que los descritos en la Odisea. Soledad, miedo, desesperanza... las migraciones de este nuevo milenio nos recuerdan cada vez más a los viejos textos de Homero. Si para sobrevivir se ha de ser nadie, se ha de ser permanentemente invisible, no habrá identidad, ni autoestima, ni integración social, y así tampoco puede haber salud mental.

 Un caso de SU

Alexis proviene de Abjasia, una república exsoviética. Allí era director de la orquesta nacional y compositor del himno del país; era un músico reconocido. Tiene 40 años. Acude a consulta porque está triste y nervioso. Además, padece insomnio, fatiga, palpitaciones, y molestias osteomusculares y digestivas (pero no le han encontrado ninguna lesión en las biopsias y tomografías). A veces, se le pone la cara muy roja y le cuesta concentrarse. Cuando vivía en su país se encontraba bien, su vida había sido buena, plácida.

Lleva 1 año en Barcelona. Tuvo que marcharse por la persecución política de Abjasia. Salió de su país bajo la amenaza de que si no se iba matarían a su hija de 4 años. También dejó allí a su mujer. Se acuerda mucho de ellas; su sueño sería poder traerlas y estar juntos. En el viaje de varios días en autobús a España, en la estación de Berlín, unos mafiosos rusos le rodearon y le robaron todo el dinero que traía. Está aquí solo, sin papeles, sin trabajo, sin vivienda; no puede volver ni traer a su familia, no ve salida a su situación.

Pero Alexis es un hombre que sigue luchando por salir adelante. Ha contactado con músicos de Barcelona y ya canta en una coral de música clásica, está intentando dar clases de música.

No tiene antecedentes de trastorno mental, es alguien sano. Sus estresores son extremos y sus síntomas no son compatibles con los criterios de trastorno mental. Es decir, consideramos que no es un enfermo mental, sino un hombre sano muy estresado. No hay enfermedad mental porque mantiene su actividad social (busca trabajo, trabaja en lo que puede), no tiene apatía y tiene deseos de vivir (sólo quiere estar con su familia).

Nunca he podido evitar asociar la imagen de Alexis con la de Ulises: él también tiene algo de príncipe destronado. Es alguien que de director de la orquesta nacional de su país ha pasado casi a luchar por su supervivencia en las calles de Barcelona sin ver salida a su situación, pero que mantiene viva la lucha por salir adelante y reencontrarse con sus seres queridos, al igual que el héroe homérico.

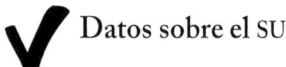 Datos sobre el SU

Los datos epidemiológicos acerca del Síndrome de Ulises muestran que alrededor de un 15% de los inmigrantes atendidos en los centros de salud general y en los centros de salud mental presentan este cuadro.

De todos modos, es importante señalar que muchos inmigrantes con Síndrome de Ulises no acuden a los servicios de salud, bien porque no contactan con la red asistencial o por temor a ser identificados. Por lo tanto, se estima que el número real es mucho mayor.

Parte II
ESTRATEGIAS DE RESISTENCIA Y RESILIENCIA

Programas psicoeducativos y psicosociales para incrementar los factores protectores y mejorar la salud mental de los inmigrantes

En los últimos años, se está prestando cada vez más atención al campo de las actividades psicoeducativas y de desarrollo de las capacidades de autonomía del sujeto (empoderamiento o *empowerment*). Entre ellas figuran técnicas de higiene del sueño —que es un hábito que se aprende de niño y se pierde en situaciones de estrés—, habilidades sociales —tan importantes para mejorar el capital social del inmigrante—, técnicas de relajación, para citar algunas. Estas actividades son diferentes a aquellas de tipo psicoterapéutico y pueden ser complementarias a ellas.

Dado que muchas de las personas que viven situaciones de estrés crónico y exclusión social no están enfermas sino que atraviesan situaciones de crisis, estas intervenciones están particularmente indicadas en estos casos. Por supuesto, también son de interés para las personas que padecen un trastorno mental, ya que pueden complementar su tratamiento psicofarmacológico y psicoterapéutico.

Así pues, las intervenciones psicoeducativas (basadas en potenciar las capacidades de resistencia de la persona) y psicosociales (basadas en mejorar el contexto en que se mueve la persona) son muy relevantes tanto en el caso de inmigrantes que padecen un trastorno mental, como en el de aquellos que tan sólo viven un intenso estrés o duelo.

Por esta razón, la segunda parte de este libro está enfocada a detallar distintas estrategias para superar el estrés y el duelo que se basan en estas perspectivas.

A. NIVEL INDIVIDUAL

 Estrategias mentales y emocionales

 Mejorar las capacidades de comunicación y las habilidades sociales

 ¿Cómo afecta al emigrante tener pocas capacidades comunicativas, pocas habilidades sociales?

Muchas veces, el inmigrante comienza desde cero. Una de las áreas en que se percibe más claramente esta realidad es el área de las relaciones. Al llegar a otro país, el inmigrante tiene que establecer nuevos vínculos, algo que ya tenía en su país de origen, pero que le llevará tiempo en el país de acogida.

Esta red de relaciones, este capital social, es fundamental para el bienestar de la persona. Desde el punto de vista emocional, afectivo, la soledad es uno de los grandes dramas de la migración. Pero la red de contactos es fundamental no sólo a nivel afectivo, también a nivel social. Por ejemplo, como señala un viejo dicho, para encontrar trabajo «valen más los conocidos que los conocimientos». Pero ¿qué conocidos tiene un recién llegado? Por otro lado, ¿cuántos emigrantes han sido estafados en la firma de un contrato o en la compra de un piso por no tener un familiar o un amigo con el que asesorarse, por esta ausencia de capital social?

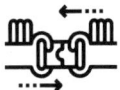 *Consejos sencillos para tener más amigos y relaciones*

Las publicaciones de Ballester y Gil (2002), Pease (2007) y Achotegui (2014) señalan las siguientes actuaciones para favorecer las habilidades sociales. De todos modos, es importante tener en cuenta que puede haber diferencias culturales en el trato dependiendo del caso.

❱ Amabilidad:
- Al ser amable con alguien no hay que decirle sólo qué nos ha gustado o nos parece bien, sino explicar también el por qué.
- Si alguien es amable con nosotros, hay que aceptarlo y agradecerlo explícitamente. Por ejemplo, cuando el inmigrante pregunta sobre muchas cosas que desconoce del país de acogida y se le dan información y consejos, el reconocimiento mejora la relación y la vinculación con los otros.

❱ Conocer a alguien:
- Cuando nos presentan a otra persona, debemos repetir su nombre en voz alta para asegurarnos de que lo hemos oído bien. Si el nombre es raro o difícil, es buena idea preguntar, por ejemplo, por su procedencia para poder recordarlo mejor. (Los nombres son difíciles de recordar, y los de otros países aún más, porque no son objetos sólidos que podamos imaginar mentalmente).
- Como los nombres de las personas es uno de los aspectos que más varían entre culturas, hablar de cómo se pronuncia el nombre, su significado, a qué suena, etcétera, permite desarrollar un diálogo personal y emotivo, y muestra un interés a la otra persona por tener una buena relación.
- Para entablar conversación, suele ser útil hablar de la situación que se comparte (por ejemplo, el retraso del tren u otro problema) o de la otra persona.

❱ Trato con la gente:
- Es recomendable practicar la escucha activa, es decir, parafrasear lo que el otro ha dicho con otras palabras.

- Se debe dejar que la otra persona acabe de expresar lo que quiere decir sin interrumpirle.
- No es conveniente ponerse a explicar cosas de uno mismo a no ser que el otro nos pregunte. Hay que procurar buscar temas de conversación que interesen a la otra persona.
- Hay que procurar no hacer preguntas con finales cerrados que den lugar a que la conversación finalice. Es preferible utilizar cómo, por qué… que dan lugar a respuestas amplias que favorecen seguir la conversación.
- Al dirigirse a otra persona, se debe utilizar su nombre de pila (nuestro nombre es la palabra más hermosa para cada uno de nosotros).

▶ **Lenguaje no verbal.** Hay gestos universales —que son comunes incluso a especies animales próximas como los chimpancés, los gorilas…— y otros que se hallan moldeados por la cultura. Las expresiones faciales de las emociones básicas (alegría, tristeza, enfado, miedo, etcétera) son universales.

▶ **Contacto físico** (este punto, relacionado con el cuerpo, es donde las diferencias culturales pueden ser más importantes. Por ejemplo, inclinarse hacia la otra persona puede ser visto como una invasión del espacio personal en las culturas arábigas y asiáticas):
- El espacio personal. Por ejemplo, las culturas orientales guardan más las distancias. Se ha señalado que este hecho puede estar relacionado con sociedades con superpoblación (McNeil, 1999).
- La mímica. Adquiere distintos grados que irían desde la hipermímica de los latinos hasta la hipomímica de los nativos americanos.
- La mirada. La mayoría de las culturas, salvo la latina y la árabe, restringen el contacto visual directo; esto podría ser malinterpretado como paranoia, fobia social, etcétera.

> ### Consejos para tímidos
>
> Antes de entrar en materia, es importante decir que ser tímido no es ninguna enfermedad. Es más, hasta no hace mucho tiempo se asociaba incluso a una virtud o una cualidad (por la actitud de respeto no invasiva), pero, en la sociedad narcisista y exhibicionista de hoy, ha pasado a ser asociada a la enfermedad mental y se considera una fobia social. En cualquier caso, en un contexto como el migratorio en el que es importante buscar relaciones y aumentar el «capital social», es bueno ser más abierto. Por ello, es aconsejable acercarse a los demás con actitud amable y sonriente.
>
> Paradójicamente, las personas tímidas —como son muy conscientes de sus limitaciones, y poco prepotentes y narcisistas, lo cual obviamente en sí mismo no es malo— temen no ser valoradas por los otros, no ser aceptadas, y se protegen de su posible rechazo mostrándose más serios, menos sonrientes, distantes. Esta actitud puede dar lugar a un círculo vicioso porque los otros pueden pensar que son secos, poco amistosos u hostiles. Así pues, es conveniente no mostrar un semblante serio, hosco, que trasmite el mensaje de que no nos agrada el otro, de tensión. Sonreír de modo sincero favorece la comunicación, transmite el mensaje de «estoy contento de verte y te acepto». Cuando alguien sonríe, transmite intenciones amigables.

 Razonamiento

 *¿Qué errores de razonamiento comete más habitualmente el emigrante y por qué en las situaciones de precariedad e indefensión tienen tan graves consecuencias?*

En las situaciones de estrés crónico, algunos mecanismos de razonamiento pueden alterarse. Esto puede generar errores que supongan nuevos problemas para el inmigrante y que se añaden a los que ya tiene que, con frecuencia, son muchos.

En general, el inmigrante es una persona decidida, capaz de seguir adelante a pesar de las dificultades. Ya hemos señalado que hay estudios biológicos que defienden que las personas que emigran muestran una activación del sistema dopaminérgico, que está ligado a asumir retos y buscar nuevas experiencias.

Pero, en momentos difíciles, esta capacidad del inmigrante se le puede «volver en contra» porque no siempre tirar hacia delante es lo más adecuado, lo más adaptativo. En ocasiones, es mejor esperar, no actuar.

Además, cometer un error para un inmigrante que vive en situaciones difíciles puede ser mucho más peligroso que para una persona que se halla en una situación tranquila y controlada. Así pues, dado que ésta es la realidad de muchos inmigrantes, es fundamental no añadir nuevos problemas a los que ya tenía por tomar decisiones equivocadas. Si uno está con el agua al cuello, un paso en falso puede ser fatal.

> Un ejemplo muy claro de esto es la situación que se vivió en España con la crisis económica de inicios de 2008: los más afectados por la crisis de las hipotecas y los desahucios fueron los inmigrantes. Mientras que la población inmigrante representaba el 18% del total, fueron víctimas del 36% de los desahucios; proporcionalmente, el doble que los españoles. Aun teniendo en cuenta que muchos españoles ya tenían una casa antes de la crisis y no tuvieron que pedir hipoteca, son valores elevadísimos. Además, hay que tener en cuenta que los efectos de los desahucios son mucho más dañinos en los inmigrantes ya que, como señalábamos antes, no tienen apenas capital social.

La razón, el entendimiento, es un control de calidad de la mente. Sin embargo, nuestro modelo de sociedad exalta el valor de la emoción y de la intuición, y considera que la razón es un instrumento poco fiable, trasnochado, fatigoso por no decir pesadísimo —una antigualla, vaya—, y desde luego poco adecuado para moverse en el trepidante y *fashion* mundo de hoy, que palpita a ritmo de corazonadas. Actualmente, todo conspira contra la razón, que se ha convertido en la pieza a batir.

Sin embargo, la razón —del latín *ratio*, «proporción»— es una poderosa garantía de adaptación activa al medio y uno de los mejores legados que nos han dejado millones de años de evolución. Nada nos da más autonomía del medio que la razón. Las emociones son circunstanciales, reactivas, cortoplacistas. Pero si surge la razón es para poder adaptarnos a otras realidades mucho más complejas. La razón permite ver más allá, ver las ratios, las proporciones de los elementos de la realidad, lo cual es fundamental en momentos de cambio e incertidumbre.

Así pues, la razón actúa como un sistema de control de calidad de la mente precisamente porque las emociones, las intuiciones, son fácilmente manipulables. La razón —el pensamiento tipo 2 de Kahneman— supone esfuerzo, mientras que nuestra cultura de mercado se basa en convencernos de que todo es muy fácil, de que todo está a un clic de distancia. Como señala Kahneman, cuando una persona razona ha de hacer un esfuerzo; esto se nota, por ejemplo, en que no puedes hacerlo en cualquier contexto: si vas caminando y te piden que multipliques 79 por 63, has de parar para poder concentrarte en realizar la operación.

Pero el esfuerzo de razonar no compensa sólo por los beneficios que comportan las decisiones acertadas que se toman, sino también porque proporciona placer, ya que ha sido favorecido por la selección natural, como no podía ser de otra manera. Pocas cosas satisfacen tanto como tener una buena idea que resuelve una situación problemática. Nos hace sentimos más fuertes, más seguros de nosotros mismos, nuestra autoestima se incrementa.

Insistimos, la razón nos da autonomía respecto del medio y constituye uno de los mayores legados que nos han dejado millones de años de evolución. Permite ver las ratios, las proporciones de los diferentes aspectos de la realidad, lo cual es muy valioso para decidir y mucho mejor, desde luego, que dejarnos guiar simplemente por las emociones, que son respuestas automáticas ante contextos específicos.

Así pues, la razón nos permite descartar acciones que podrían acarrearnos consecuencias muy negativas. Gracias a la razón, seguimos adelante prescindiendo de las ideas inadecuadas.

 *Consejos sencillos para razonar mejor*

Siguiendo a Dubelle (2012) y a Achotegui (2014) señalaremos lo siguiente:

◗ Es importante tener presente el peligro que el ímpetu y el deseo de avanzar del inmigrante representa. Puede hacerle valorar de modo exagerado sus posibilidades. Es bueno ser optimista, pero no hay que ser iluso. Por ello:
- No hay que sobrevalorar las historias de éxito. Nos cuentan, por ejemplo, que Juan López llegó a Estados Unidos sin un dólar y hoy es uno de los hombres más ricos de América. Es cierto, pero hubo otros muchos Juanes López a los que no les fue bien y de los que nadie habla. Nos fijamos en las historias de unas pocas personas que han tenido éxito, pero no en las de cientos que han fracasado. Repetimos, está bien ser optimistas y creer en nuestras posibilidades, pero sin ser ilusos. Muchos inmigrantes

son grandes luchadores, sin duda una buena cualidad, pero eso no quiere decir que no haya límites y que todo sea posible. Si no miden bien sus posibilidades y caen en el error del cuento de la lechera, pueden malgastar sus recursos. Cualquier modelo no tiene por qué ser adecuado a sus posibilidades.
- Hay que tener cuidado con la publicidad. Haciendo un símil: las modelos hacen publicidad de cosméticos; a veces, las consumidoras piensan que si los usaran serían tan guapas como ellas, pero olvidan que esas mujeres ya eran así antes de utilizarlos.
- Conviene ser juicioso a la hora de valorar nuestras capacidades. Si se pregunta a un grupo de personas cómo se ven respecto al resto, el 84% piensa que está sobre la media. Alguien debería estar por debajo, ¿no?

▶ Cuidado con seguir ciegamente la opinión del grupo. Es frecuente pensar: «Si todos lo dicen será verdad». Está muy bien escuchar todas las opiniones, especialmente la de aquellos que valoras, pero no son infalibles. Al final, guíate por ti mismo. Ir en contra de las opiniones del grupo es difícil, pero el consenso es una trampa muchas veces. (En el apartado sobre los grupos volveremos a abordar este punto ya que los aspectos grupales son muy importantes en la migración).

▶ Nos cuesta mucho perder algo, pero por no renunciar a ello podemos perder mucho más. Hay costes irrecuperables, por ejemplo: estás en el cine en una película horrible, pero, ahora que has pagado, no te vas a ir; sin embargo, en cualquier caso, el dinero de la entrada no lo vas a recuperar.

▶ Está bien tener las ideas claras, pero no tener ideas fijas. Olvidamos las pruebas refutatorias a los 30 minutos; sólo nos fijamos en lo que confirma nuestras teorías. Esto se ve claramente en los estereotipos y los prejuicios. Si tenemos una idea preestablecida sobre los autóctonos —o los autóctonos sobre los inmigrantes—, descartamos rápidamente los ejemplos que conocemos que los contradicen. Por ejemplo, si creemos en el estereotipo de que los alemanes son «cabezas cuadradas», no tendremos en cuenta las experiencias contrarias que podamos tener.

▶ Damos demasiada importancia a lo estridente. A lo largo de la evolución, lo estridente ha estado ligado a menudo a situaciones peligrosas, pero es importante dimensionar el problema y no gastar energías innecesariamente en respuestas excesivas.

- Pensamos dramáticamente. La evolución nos enseña que un solo error en una situación peligrosa y podemos morir. Más adelante volveremos a hablar del tema, pero una dramatización excesiva impide dimensionar adecuadamente los problemas.
- Los relatos nos pueden encandilar demasiado y engañar. Buscamos relatos, buscamos que algo tenga sentido. El mito es anterior a la filosofía. Lo que no encaja en el relato se aparta. Entre «el príncipe murió primero y, al poco tiempo, murió la princesa» o «el príncipe murió primero y, al poco tiempo, murió la princesa de pena», ¿qué nos gusta más? Lo segundo. Es curioso porque es más largo y más difícil de recordar, pero que tenga sentido es fundamental.
- Calibramos mal intuitivamente las posibilidades. Jugamos a premios de mucho dinero, pero con probabilidades más bajas que otros de menos dinero. Hay que hacerlo con la calculadora en la mano. A este respecto, ya se ha comentado anteriormente el drama de las hipotecas fallidas que afectaron desproporcionadamente a los inmigrantes.
- Valoramos más lo escaso. En un experimento se pide a dos grupos de personas que prueben galletas y las valoren. Sin embargo, el primero recibe una caja llena de galletas, mientras que al segundo sólo se le dan dos unidades. Tras su análisis, los últimos valoran más positivamente su calidad. En conclusión, es importante escoger valorando bien.

Tras realizar un análisis, si lo que deseas coincide plenamente con lo que parece lo más adecuado, desconfía: tu deseo puede estar influyendo en tu elección. Si te gustaría mucho emigrar al lugar A y tus análisis te llevan a pensar que es el mejor lugar, desconfía. Quizá estés en lo cierto, pero también puede ser que tu deseo te haya cegado y luego pagarás las consecuencias de tu error. Quizás el lugar A, aunque te guste mucho, no reúne las condiciones adecuadas, al menos en este momento; puede que más adelante sí.

> **No te dejes llevar por la intuición. Razona. Gracias a la razón seguimos adelante, mientras que las ideas inadecuadas son eliminadas. Gracias a la razón no mueres tú, ¡son las ideas las que mueren por ti!**

La inteligencia emocional (IE)

El inmigrante ha de saber resolver una gran cantidad de conflictos emocionales relacionados con el duelo migratorio. En los siguientes apartados, vamos a ir viéndolos, siguiendo planteamientos psicodinámicos y sistémico-cognitivos.

 Errores de IE que comete más habitualmente el emigrante

- La negación de los problemas y dificultades. Se suele expresar de dos maneras: la primera, sosteniendo que todo es igual que en el país de origen, que no pasa nada; la segunda, planteando que, aunque las cosas son diferentes, «a mí no me afectan». Normalmente, ambas defensas se utilizan más al inicio de la migración. Más adelante, el peso de la evidencia es demasiado fuerte como para seguir manteniendo la negación, salvo que la persona se halle ante una situación de fuerte desadaptación psíquica. La negación en la migración, en los casos extremos, está vinculada a sintomatología de tipo confusional, maníaca, psicótica.
- La proyección. Consiste en poner lo malo fuera de uno mismo. «Las malas intenciones», «lo malo», las tienen los otros. Está vinculada a sintomatología de tipo paranoide. Los estudios de psiquiatría transcultural muestran que la esquizofrenia paranoide es el trastorno psicótico que se da de forma más homogénea en todas las culturas.
- La idealización. Puede darse tanto en relación al país de origen como al país de acogida. La idealización es una distorsión de la realidad en la que se exageran las cualidades de algo, negando sus defectos. Es aquello tan socorrido de que «mi pueblo es el más bonito del

mundo» (pero referido al país de origen) o lo que explicaban a sus paisanos los emigrantes españoles a Francia al volver de vacaciones de que «allí ataban a los perros con longanizas» (en este caso, lo que se idealizaba era el país de acogida). Desde el psicoanálisis, se sostiene que la idealización, a pesar de que es un funcionamiento psicológico muy común e incluso aceptado socialmente, constituye una defensa ya que distorsiona la realidad, lo cual, obviamente, dificulta la adaptación y el éxito del proyecto migratorio.

- La formación reactiva. Consiste en hacer lo contrario a lo que dicta tu impulso. Se puede ver con frecuencia en los procesos de asimilación en los que el inmigrante, presionado para amoldarse a la nueva cultura, hace en determinados aspectos lo contrario a lo que le dictan sus impulsos —que le llevarían, de modo natural, a mantener sus tradiciones y costumbres—. Este proceso de formación reactiva da lugar a una «hiperadaptación», una mimetización que puede compensarse mediante síntomas somáticos como manera de expresar el conflicto de modo socialmente aceptable.
- La abstracción selectiva. Consiste en centrarse en un detalle extraído fuera de contexto.
- La inferencia arbitraria. Consiste en adelantar una conclusión sin evidencias que la apoyen o cuando las evidencias está incluso en contra.
- La generalización excesiva. Se produce cuando se elabora una regla general o una conclusión a partir de uno o varios hechos aislados. Sería, por ejemplo, el caso del inmigrante que va a una asociación y deduce inmediatamente que todos le rechazan porque alguien no es amable con él. (Como dice el chiste, todas las generalizaciones son erróneas... está incluida). Recuerdo el caso de un argentino que tuvo

un problema con un chino por una máquina que le había vendido; me decía: —Es que no te puedes fiar de los chinos, hay que ver cómo son. A lo que yo respondí: —Oiga es que son 1.500 millones y usted me está hablando de uno... ¡Son más de 900 Barcelonas sólo de chinos!

- La maximización y la minimización. Se distorsiona la realidad modificando la magnitud de los acontecimientos.
- El pensamiento absolutista o dicotómico. Es la tendencia a clasificar todas las experiencias siguiendo categorías extremas.

Beck (1983) también plantea que funcionan los siguientes mecanismos:

- Lo que denomina el «pensamiento primitivo», que consistiría en la no dimensionalidad. Por ejemplo, pensar «soy un miedoso» en vez de plantearse «a veces tengo miedo».
- El pensamiento absolutista y moralista. Por ejemplo, pensar «soy un cobarde despreciable» en vez de «soy más cobarde que otros».
- El pensamiento invariable. Por ejemplo, pensar «siempre fui y seré un cobarde» en vez de «mis miedos varían de un momento a otro y de una situación a otra».
- El diagnóstico basado en el carácter. Por ejemplo, pensar «hay algo extraño en mi carácter» en vez de «tengo algunos miedos».
- La irreversibilidad. Por ejemplo, pensar «como soy intrínsecamente débil, no hay nada que se pueda hacer con mi problema» en vez de «puedo aprender a afrontar situaciones y luchar contra mis miedos».

Consejos sencillos para una mejor IE

La desestructuración cognitiva y emocional actúa como un círculo vicioso, ya que da lugar a confusiones o errores y a conductas desadaptativas que añaden nuevos duelos a los que ya padece el inmigrante.

Por ello, es conveniente seguir los siguientes consejos:

- No dramatizar, ya que añadimos al problema que ya tenemos los problemas generados por la sobreactuación y el exceso de nuestra respuesta. La dramatización puede ser una respuesta adecuada en algunos momentos muy particulares, pero no lo es habitualmente.
- Hacer un proceso de integración, intentando ver todos los aspectos de la realidad en la que se encuentra el inmigrante en su conjunto. En las situaciones de estrés, con frecuencia se tiende a focalizar excesivamente la atención en áreas vinculadas a los aspectos emocionales más impactantes.
- Dar tiempo para resolver los problemas complejos. No reconocer que los problemas necesitan tiempo supone añadir un nuevo problema a los problemas previos: la prisa. Eso hace que, si no se consiguen pronto los objetivos fijados, sobreviene la desmoralización con todas sus consecuencias negativas.
- No sentirnos bichos raros. Muchos de los sentimientos y de los miedos que tiene el inmigrante son compartidos por las demás personas que viven situaciones similares. Sentirnos extraños sólo añade sufrimiento y limita las posibilidades de solución de los problemas. Se debe aceptar que los sentimientos de tristeza, miedo, ansiedad, etcétera, son respuestas normales —propias de cualquier ser humano— ante una situación de miedo, soledad o indefensión. El trastorno mental

sería la respuesta desproporcionada que altera las capacidades del sujeto.

- Saber perder. En la vida a veces se gana y a veces se pierde; pero a los humanos nos cuesta perder, somos malos perdedores. En ocasiones, por no aceptar perder algo, podemos acabar perdiendo mucho más, incluso podemos perderlo todo. Puede parecer exagerado, pero hay muchos experimentos que muestran esta tendencia humana. Si quieres convencer a alguien de que tiene que hacer un gasto, no le hables de lo que puede ganar, sino de lo que perdería por no hacerlo.

Desde esta perspectiva, sabemos que, comparativamente, a nivel emocional nos afecta mucho más perder algo que ganarlo. La alegría por lo ganado se va mucho antes que la frustración que nos supone perder algo. Seguramente porque, si miramos nuestra historia evolutiva, conservar los escasos «recursos» que teníamos para sobrevivir era muy importante y desprendernos de nuestras posesiones nos hacía sentir que nos estábamos poniendo en peligro. No es lo mismo no ganar 1.000 euros que perderlos. A nivel emocional, lo procesamos de modos muy diferentes.

Para compensar esa tendencia tan intensa a sobresaltarnos con las pérdidas relevantes, la evolución ha seleccionado un mecanismo, una estrategia, denominada «el duelo» que nos permite tomar distancia de las cosas que hemos perdido, que nos salen mal, y seguir nuestro camino reorganizando nuestros planes en función de lo que dicta la realidad, o incluso cambiando y buscando nuevos proyectos y nuevos vínculos.

El duelo es un proceso intenso que tiene una parte de dolor, pero que supone también una liberación: el dejar atrás algo que no tiene arreglo y a lo que nos habíamos encadenado. La elaboración del duelo nos permite «cerrar capítulos» de nuestra vida y comenzar otros nuevos.

Tal como hemos señalado, ser luchador es bueno, pero a veces es una pésima estrategia, al contrario de lo que se nos transmite desde cierta doctrina de la autoayuda del «tú puedes con todo», «todo se puede conseguir» que justamente explota esta dificultad humana para reconocer las limitaciones y aceptar las pérdidas. Para el psicoanálisis, esta actitud de negación de la realidad es el más destructivo de los mecanismos de defensa.

▶ Que el pesimismo sea malo no quiere decir que el optimismo sea bueno. Hay un viejo chiste en el que le preguntan a un rabino con fama de ser muy sabio qué hay que hacer para tener una gran idea, una idea genial. El rabino se queda pensando largo rato y finalmente responde: «Es muy fácil. ¡Sólo hay que pensar una idea muy tonta, muy estúpida, y hacer precisamente lo contrario!

Algo así ocurre con el tema del optimismo: gran parte de la defensa cerrada que se hace hoy en día del optimismo se basa en atacar por tierra, mar y aire al pesimismo, convertido en algo demoníaco, para tratar de reforzar así la idolatría del optimismo, su contrario. Actualmente, todo vale para exaltar el valor del optimismo.

Ser optimista es una actitud que tiene aspectos positivos, pero es mejor aún aprender a tolerar la incertidumbre, la complejidad a menudo inmanejable de la realidad. No solucionar la ansiedad que nos provoca vernos limitados para controlar el mundo invocando un vacuo optimismo —tal como se nos incita hoy continuamente desde el sistema social dominante— no es una idea acertada. Además, ya se ha señalado anteriormente la propensión a la acción y al riesgo que tienen los inmigrantes, sobre todo los *primary migrants*.

 Humor como arma de resistencia

 *¿Por qué el humor es un arma contra el estrés? La importancia del humor en la salud mental*

Cada vez existe un consenso mayor sobre la importancia del humor como un elemento que favorece la elaboración del duelo y afrontamiento del estrés. Como es sabido, la palabra «humor» proviene de la teoría hipocrática de los humores, que consideraba que el organismo funcionaba mediante un sistema de líquidos que regulaba el organismo. Sin embargo, a pesar de su origen etimológico occidental, han sido las tradiciones orientales zen y las tradiciones musulmanas sufíes las que más han utilizado la comicidad y el humor como parte de la estrategia para buscar el cambio en el sujeto. En sus parábolas, en sus cuentos, los maestros de estas tradiciones utilizan el humor para señalar las contradicciones y las limitaciones. Sin embargo, en la tradición cristiana, el humor y la risa han estado con frecuencia menos valorados, incluso asociados al pecado en algunas etapas históricas, tal como describe magníficamente Umberto Eco en su novela *El nombre de la rosa*.

Freud (1905) consideraba el humor como un mecanismo para afrontar las situaciones difíciles de la vida y reducir la tensión y la ansiedad al expresar impulsos agresivos u obscenos de forma socialmente aceptable. Lo comparaba con los sueños, ya que en ambos se daban los mismos mecanismos de condensación, desplazamiento, evitación de la censura, etcétera. El humor, como señalan W. Fry y W. Salameh (2004), puede facilitar la comunicación derribando barreras y acercando a la gente.

Permite ver la realidad desde otra perspectiva, por lo que favorece una redefinición cognitiva de la situación. Sin embargo, al mismo tiempo, el humor es algo muy muy ligado a la estructura de la personalidad y a la cultura del sujeto: a todo el mundo no le hace gracia lo mismo.

Según W. Fry y W. Salameh (2008), para que surja el humor es necesario que se den tres condiciones:

- la distancia (cuanto mayor es en el espacio y en el tiempo más fácil es el humor),
- el desarrollo de defensas de nivel superior, y
- el autocontrol.

En nuestra opinión, la distancia afectiva favorece, además, la desdramatización; un elemento muy importante desde el punto de vista de la elaboración del duelo migratorio.

También se conocen las repercusiones positivas del humor desde el punto de vista de la fisiología: reducción de la tensión arterial, incremento de la oxigenación, disminución del cortisol y las catecolaminas, incremento de las inmunoglobulinas A y G que protegen de las infecciones, incremento de la producción de linfocitos y de interferón, relajación muscular. Los beneficios de la risa en este sentido son tan amplios que se comparan con los del ejercicio físico. La ventaja es que uno no corre cada día un maratón, pero puede buscar potenciar el humor un buen rato cada día.

De todos modos, desde la perspectiva asistencial, puede ser adecuado que el profesional también utilice el humor para referirse a su profesión de psicólogo, psiquiatra... mostrando así que él también es humano y reconoce sus limitaciones. De todos modos, como respondió Albert Ellis cuando le preguntaron si no había tenido experiencias en las que la utilización del humor a nivel terapéutico hubiera dado resultados opuestos a los esperados: «es cierto, pero también he tenido experiencias en las que la seriedad me ha dado resultados opuestos a lo esperado».

 *Consejos sencillos para utilizar el humor como defensa ante las dificultades*

De entrada, es importante señalar que, en contextos de estresores tan intensos como los del Síndrome de Ulises, el humor debe ser utilizado con una enorme precaución y sensibilidad.

Consejos sencillos para usar el humor en la migración:

⇨ El humor debe hacerlo el que vive la situación, si no puede ser vivido como una injerencia. Debe favorecerse que provenga del propio sujeto afectado, ya que se relaciona con su elaboración. A nadie le gusta que otro haga humor con sus dificultades. En todo caso, se trata de «reírse con» (Fry y Salameh, 2004).

⇨ El humor permite expresar agresividad de una forma socialmente aceptada, atacar al enemigo, a lo que nos genera dolor. El humor es rebeldía, no resignarse. Por ejemplo, en España durante la dictadura de Franco, los chistes eran una de las formas más claras de resistencia popular.

⇨ El humor favorece la sensación de dominio sobre algo que está fuera de control de la persona, es un modo de elaboración. Está considerado como un mecanismo de defensa muy maduro (Freud, 1905).

⇨ El humor amplía las fronteras del yo, es lo opuesto a la rigidez.

⇨ El humor permite la expresión de aspectos infantiles habitualmente reprimidos. Podríamos decir que nos permite «hacer el tonto», una de las actividades más relajantes y satisfactorias, ya que momentáneamente podemos dejar de estar regidos por el principio de realidad. Es un triunfo del yo y del principio del placer.

 ## Arte, música y danza como elementos de ayuda

Las técnicas que se basan en el arte, la música, la danza, la expresión corporal también son muy interesantes como herramientas de ayuda para superar el estrés, en este caso el vivido en la migración.

Tienen un poderoso aspecto a su favor, y es que los elementos verbales son secundarios en este tipo de estrategias de ayuda, por lo que se puede superar la barrera del lenguaje.

La arteterapia es una técnica que se basa en la expresión plástica como elemento de comunicación y reflexión de las vivencias del sujeto. Con frecuencia, la propia expresión artística de las emociones y conflictos facilita que el lenguaje fluya, lo que favorece la elaboración del duelo migratorio.

En las sesiones de arteterapia, se pueden utilizar todo tipo de materiales dado que la expresión artística no tiene límites prácticamente.

Asimismo, la música, la danza, la expresión corporal pueden servir como elementos de expresión de las vivencias y los conflictos de los inmigrantes. Para muchos autores, todos estos recursos se pueden englobar en el marco de la arteterapia, tal como plantearon Lillian Espenak y Mary Whitehouse, fundadoras de la danzaterapia en los años 1940 en Estados Unidos.

 ## Incremento de la resiliencia y consejos sobre la elaboración de los duelos migratorios

Retomemos detalladamente el esquema de las características específicas del estrés y el duelo migratorio, ahora desde la perspectiva de cómo actuar ante los problemas emocionales, con el fin de proporcionar ayudas prácticas.

Características específicas del duelo migratorio

1. Es un duelo parcial: no hay una desaparición, sino una separación del país de origen.
2. Es un duelo recurrente: va y viene durante la vida del sujeto. El contacto con el país de origen, su lengua, su cultura reaviva el duelo migratorio.
3. Es un duelo vinculado a aspectos infantiles muy arraigados.
4. Da lugar a un cambio en la identidad.
5. Da lugar a una regresión.
6. Tiene lugar en una serie de fases.
7. Se acompaña de sentimientos de ambivalencia.
8. El duelo migratorio también lo viven los autóctonos y los que se quedan en el país de origen.
9. El regreso del inmigrante es una nueva migración.
10. Es transgeneracional.
11. Hay siete duelos en la migración. Es un duelo múltiple.

El duelo migratorio es un duelo parcial

Hay un hecho clave que diferencia el duelo migratorio del duelo por la pérdida de un ser querido —el referente clásico de concepto de duelo—. Y es que, en el caso de la migración, «el objeto» del duelo —el país de origen y todo lo que representa— no desaparece, no se pierde propiamente para el sujeto, pues permanece donde estaba y cabe la posibilidad de seguir contactando con él. Es más, cabe la posibilidad de regresar un día, definitivamente, al lugar del origen.

Es decir, el duelo migratorio es más un duelo por una separación que por una pérdida. El duelo migratorio está delimitado por dos elementos básicos: el tiempo y el espacio:

- El tiempo: es decir, el período en que el inmigrante está fuera y en el que acontecen innumerables cambios, tanto en el país de origen como en la propia la persona del inmigrante. Es aquella vieja historia, tantas veces contada, del inmigrante que, al regresar a su país de origen, se encuentra con que sus compatriotas le dicen que le ven diferente, incluso que «ya no es uno de los suyos».
- El espacio: la distancia que separa al inmigrante de su país de origen. Obviamente, la mayor distancia dificulta el contacto del inmigrante con su país de origen, pero paradójicamente, con frecuencia en la relación con los autóctonos. Cuando la distancia cultural es muy grande, se busca encontrar lo común, y cuando es pequeña, lo diferente.

Se podría objetar que el caso del refugiado es diferente. Es cierto que el refugiado tiene un duelo más total, porque no puede regresar a su país de origen. Pero sí puede tener la esperanza de que un día cambie la situación política de su país y regresar, y también puede mantener el contacto con su cultura —algo que no puede hacer con un fallecido—.

A veces el inmigrante siente que la marcha ha sido tan radical a nivel emocional que ha roto todos los puentes, que el contacto o el regreso no son posibles, cuando en realidad el futuro está abierto a la reestructuración de la relación, del vínculo con el país de origen. Esta distancia afectiva da lugar a que el inmigrante tenga el sentimiento de que el país de origen ha desaparecido, cuando en realidad sigue estando ahí aunque él no lo pueda asumir.

El duelo migratorio es un duelo recurrente

Precisamente porque el país de origen está siempre ahí —incluso en el caso en que no se pueda regresar sigue enviado noticias, informaciones, etcétera— el inmigrante vive la recurrencia del duelo migratorio, aun cuando pretenda negar el vínculo y considere que ya no tiene nada que ver con el país y la cultura que dejó atrás. La realidad es que ese país lo lleva dentro. Negar esta realidad le empobrece al eliminar, junto a los recuerdos dolorosos, también los buenos recuerdos y las buenas vivencias.

Desde esta perspectiva, como señala Bowlby, el duelo no desaparece, se desvanece, pero siempre queda atrás. Pero junto al duelo, que va haciéndose menor en intensidad con el tiempo, existen también otras muchas vivencias positivas que es importante mantener y conservar. El inmigrante puede querer a dos países, no tiene por qué escoger. Nadie tiene derecho a exigirle que escoja.

El hecho de que el duelo migratorio sea un duelo parcial da lugar a que el proceso de cambio sea diferente —en nuestra opinión más complejo— que el proceso que tiene lugar cuando la pérdida a elaborar es la muerte de un ser querido, en la que el contacto con el fallecido se interrumpe para siempre.

En el caso de la migración, el ir y venir en relación al objeto —el país de origen— da lugar a que los procesos de elaboración de la separación funcionen de modo recurrente. Así, es muy frecuente encontrarnos con que un viaje al país de origen, una llamada de teléfono o la información que le llega al inmigrante reaviven sus vínculos con el país de origen. Y empleamos «reavivar» porque esos vínculos siguen activos durante toda la vida del inmigrante, a veces de modo más consciente, a veces más inconsciente. El inmigrante no debe olvidar que el país de origen sigue estando ahí. México, Marruecos, Senegal entre otros, no han desaparecido, siguen estando ahí.

Desde esta perspectiva, las fantasías de regreso forman parte consustancial de las vivencias del inmigrante y suelen reforzarse cuando se viven en el país de acogida situaciones de fracasos afectivos, profesionales, etcétera.

Una de las expresiones más claras de esta recurrencia del duelo migratorio y del mantenimiento del vínculo del inmigrante con el país de origen fue la que me mostró un inmigrante ecuatoriano que llevaba dos relojes en su muñeca: uno con la hora española y el otro con la hora de su país. Vivía en los dos continentes a la vez. Y ese contacto reaviva los vínculos. De este modo, el contexto histórico en el que nos hallamos modifica las características del duelo migratorio y favorece que se convierta en algo inacabado y muy complejo de elaborar.

> Hoy, en el contexto de la globalización, el contacto del inmigrante con su país de origen es muy intenso. Me comentaban de una ciudad de Bolivia de la que habían emigrado muchas personas que el ayuntamiento había instalado una cámara web en la calle principal de modo que se podía ver lo que pasaba en el centro de la ciudad en todo momento desde cualquier parte del mundo, como si se estuviera allí mismo. Todo esto favorece que el inmigrante viva en dos mundos a la vez.

 *El duelo migratorio se halla ligado a vivencias infantiles muy arraigadas*

Hay que tener en cuenta también que son muy relevantes las vivencias infantiles, ubicadas en el marco cultural en que se ha criado el inmigrante. Tanto si el inmigrante rompe el contacto emocional con el país de origen —que constituye en muchos casos el mundo de la infancia—, como si lo idealiza excesivamente, se produce una disfunción y un empobrecimiento del mundo mental del sujeto.

El trabajo de ligar los aspectos infantiles al mundo actual del sujeto es muy relevante en la elaboración del duelo migratorio.

Como es sabido, la primera infancia constituye para los seres humanos una edad sensible en la que se estructuran toda una serie de vínculos con las personas próximas, la lengua, el paisaje, la cultura, etcétera. A diferencia de en la edad adulta, en la infancia no sólo se viven los acontecimientos en los que la persona se halla inmersa, sino que además esos mismos acontecimientos condicionan cómo se construye la personalidad; por decirlo de alguna manera, forman parte de los materiales con los que se construye el edificio de la personalidad. La infancia nos moldea.

En la edad adulta, la estructura de la personalidad está ya formada y los acontecimientos que se viven actúan sobre algo ya construido que sólo puede ser modificado en parte. Por eso, cuando la persona emigra ya está condicionada por lo que ha vivido en la infancia. Como escribía Horacio: «los que atraviesan los mares cambian de cielos, mas no de preocupaciones». También Séneca, en las cartas a Lucilio, escribía: «el viaje en sí mismo no soluciona nuestros problemas porque viajas en compañía de ti mismo».

Así, por ejemplo, en relación a la comida —un aspecto básico de la cultura—, la gente cuando se encuentra bien se anima a comer de todo —o eso dice—: te explican que han comido perro, hormigas cabezonas, serpiente, etcétera. Pero esas mismas personas, cuando se encuentran mal lo que quieren es la comida de su cultura, la que les hacía de pequeños su mamá en sus casas y cocinada de la misma manera. Incluso a nivel fisiológico, desde la infancia se desarrollan respuestas gástricas específicas que condicionarán la conducta alimentaria del sujeto toda su vida.

Recuerdo el caso de un inmigrante latinoamericano con muchas dificultades para contactar con su mundo infantil. Era un hombre que, a pesar de sus muchas cualidades, tras muchos intentos infructuosos de buscar pareja, se había acomodado finalmente a vivir solo, instalado en una cómoda soltería, aunque conservaba el deseo de encontrar pareja. Tenía con frecuencia sentimientos de ser rechazado, de no ser aceptado, que le afectaban mucho y le recluía con frecuencia en un mundo de soledad forzada. Explicaba que había tenido un padre autoritario, que sentía que le rechazaba, y una madre amable, aunque distante y débil. El paciente había tenido una infancia poco feliz, aunque recordaba que a pesar de los conflictos familiares él era un niño vivaracho y activo. Ya como adulto, rechazaba como negativo casi todo lo que tenía que ver con el país de origen de sus padres, exaltando, sin embargo, de modo radical lo que había aquí.

En una sesión, tras decidirse finalmente a hacer un viaje por su país de origen, explicó una situación que vivió allí y que le había impactado mucho y que considero muy reveladora: un día estaba haciendo una excursión y en un pueblecito, mientras hacía fotos en el centro del pueblo, conoció a una chica de unos 12 años muy simpática con la que charló durante largo rato. Se sintió impresionado por la vitalidad y la simpatía de aquella chica, y le propuso hacerle unas fotos. La chica aceptó encantada. Al cabo de un rato, prosiguiendo con su paseo, le paró un coche del que bajó un señor malhumorado que le pidió explicaciones de por qué había hecho fotos a su hija y le exigió que las borrara. El paciente aceptó borrar las fotos, pero diciendo que las había hecho en el centro del pueblo, con permiso de la niña, y que no había nada malo en lo que había hecho.

Considero que esta anécdota nos muestra el mundo infantil de este inmigrante. La niña vivaracha representa su parte infantil, vital, llena de ganas de vivir y relacionarse; mientras que el hombre malhumorado que le impide ir adelante representa su otra parte frustrada, desconfiada, tensa, vinculada al conflicto con la imagen deteriorada de sus padres. Como el paciente rechaza contactar con todo lo que tiene que ver con su país de origen, en el que ve todo lo negativo como ha levantado un muro, ha perdido también esa fuerza, esa magia de la niña vivaracha que ha quedado al otro lado del muro.

El duelo migratorio afecta a la identidad

Como no podía ser de otra manera, la multiplicidad de aspectos que conlleva la elaboración del duelo migratorio (familia, lengua, cultura, etcétera) da lugar a cambios profundos en la personalidad del inmigrante, hasta tal punto que modifican su propia identidad.

Entendemos por identidad «el conjunto de las autorrepresentaciones que permiten que el sujeto se sienta, por una parte, semejante y perteneciente a determinadas comunidades de personas y, por otra, diferente y no perteneciente a otras» (Achotegui, 2002). Hacer referencia a la identidad de una persona es hacer referencia a un juego de semejanzas y diferencias, podríamos decir que a un juego de espejos.

Se considera que una de las raíces del concepto de identidad surge a partir de Descartes, a partir de su planteamiento, ya clásico, «pienso, luego existo». Posteriormente, Hume y Locke lo desarrollan, y actualmente ha llegado a tener una gran difusión en las ciencias sociales tras ser utilizado en la psicología, donde fue introducido por Erikson —aunque provenía de Tausk y Freud lo había utilizado, aunque de modo muy limitado, en su obra—. Para Erikson, la identidad surge de la asimilación mutua y exitosa de lo que el niño incorpora del ambiente de los primeros años de vida. La imagen de un niño con la boca muy abierta es una de las mejores expresiones de esta tendencia infantil a aprehender del medio e incorporarlo. En lenguaje psicoanalítico, se podría decir que la identidad se hallaría constituida por todas las introyecciones fragmentarias de la niñez.

Este proceso tiene lugar en el marco de las relaciones con la madre, con la familia y con la comunidad. Para Erikson, «un ritmo de estimulación y presencia de la madre que alterna presencia con ausencia es necesario para que el niño se diferencie». A lo largo de la infancia, se van seleccionando gradualmente las identificaciones significativas, haciéndose la síntesis de todas ellas al final de la adolescencia, cuando la identidad quedaría ya constituida. En un trabajo ya clásico de León y Rebeca Grinberg (1985), se considera que la identidad se constituye a través de tres vínculos: espacial, temporal y grupal.

Al cabo del tiempo, el inmigrante, si ha logrado elaborar adecuadamente el duelo migratorio, se convierte en alguien que ha «construido» una nueva identidad más compleja y rica.

Consideramos que la identidad del ser humano es múltiple, que es la integración de numerosos aspectos (Achotegui, 1999):

- En primer lugar, la identidad física. Tal como señalaba Freud, nuestra identidad personal se basa, fundamentalmente, en nuestro cuerpo. No hace falta resaltar la enorme afectación que suponen para la autoimagen del sujeto, por ejemplo, sus defectos físicos.
- La identidad de género, de una gran complejidad. Porque ¿qué son exactamente y dónde comienzan y terminan lo masculino y lo femenino?
- La identidad familiar, que conforma de manera fundamental la personalidad.
- La identidad generacional, que nos marca profundamente. Nos parecemos mucho más un chino y un español de hoy, que uno de nosotros y un antepasado nuestro de hace 500 años. Hay un dicho árabe que reza: «los jóvenes se parecen más entre ellos que a sus propios padres».
- Y, obviamente, la identidad cultural y relacionada con el grupo de pertenencia. Desde el punto de vista psicológico, la patria son los padres. Patria viene de padre y se habla también de la madre patria.

De suyo, en un mundo globalizado y con una enorme movilidad, la tendencia es a que vayamos hablando cada vez más de duelo por la interculturalidad que nos afecta a todos y que se da a la vez que el duelo migratorio clásico.

> Recuerdo el caso de un inmigrante italiano que, a diferencia del caso anterior, se mostraba muy crítico aquí con el país de acogida, al que veía todos los defectos y aspectos negativos. Mientras, para su país de origen, todo eran elogios a pesar de que de niño había vivido serías discriminaciones en Italia por pertenecer a una minoría, circunstancias que le habían afectado mucho. En una sesión me explicó la siguiente anécdota: un día haciendo un viaje a su país en coche, se paró emocionado en la primera gasolinera italiana que encontró y comenzó a hablar con un chico que trabajaba en la gasolinera. Se quedó trastocado cuando el chico le felicitó por el buen italiano que hablaba. ¡Felicitarle a él que era un auténtico italiano por hablar su lengua! Le habían tomado por extranjero. Su acento, su aspecto... habían cambiado y ya le tomaban por un extranjero. A él, ¡que se consideraba tan italiano!

El debate en torno a la identidad suele generar fuertes tensiones grupales y sociales, hasta el punto de que hace sufrir a muchas personas —que con frecuencia, a su vez, hacen sufrir a otras—. Obviamente, es un tema muy amplio, pero queremos referirnos brevemente a tres reduccionismos, tres sesgos, muy habituales, que consideramos negativos porque simplifican excesivamente el concepto de identidad, contribuyendo a incrementar innecesariamente las tensiones que ya de por sí comporta el tema.

El primer reduccionismo es el que tiende a plantear la ecuación «identidad = diferencia». Sin embargo, el propio término «identidad» hace referencia a lo que permanece, a lo que es idéntico a algo, «la conveniencia de cada cosa consigo misma» de los clásicos. «Identidad» proviene del latín *idem,* que significa lo igual.

La identidad es un juego de espejos de semejanzas y diferencias. Tiene que ver con lo que somos, con lo que nos define. ¿Cuánto somos de iguales y de diferentes? No es fácil responder a esa pregunta, pero sólo queremos señalar que, si miramos a nuestros orígenes, desde la perspectiva evolucionista hace apenas 7.000 generaciones todos los humanos que poblamos hoy la tierra (más de 7.000 millones) estamos vinculados por lazos de sangre. En realidad, somos familia, todos somos parientes (con alguna excepción que ahora sería largo de explicar).

Obviamente, la diferencia es una parte de la identidad. Se objetará que hay quien la niega o le da muy poco valor, lo cual ciertamente también es problemático. Pero definir identidad como diferencia es confundir la parte con el todo. Como señala la teoría del significado, la identidad ha de entenderse más como una relación que como una propiedad.

Desde el punto de vista psicológico, por ejemplo, podemos ver cuánto sufren muchas personas porque se sienten muy diferentes de los demás, angustiadas por la extrañeza de sus sentimientos y fantasías. Sin embargo, pocas ideas son más erróneas que ésta. Gracias a los estudios de psicología y psiquiatría transcultural, hoy sabemos que las patologías psiquiátricas son universales y que entre el funcionamiento psicológico sano y el patológico hay un *contínuum* que se da en todas las personas; aquí y en la más remota aldea de Melanesia. Cuando el paciente puede afrontar ese narcisismo, no magnificar la diferencia y reconocer que es un ser humano más, que sus síntomas forman parte de las dificultades de resolución de los problemas de adaptación a la realidad que tiene cualquier otro ser humano y puede entonces afrontar su realidad con serenidad, se siente mucho mejor.

El segundo reduccionismo que habría que señalar es el de considerar la identidad como algo estático, fijo, inamovible. La identidad es dinámica, se halla en permanente interacción. Es una construcción y deconstrucción, un proceso personal en el que, además, es muy importante respetar y apoyar la libertad del sujeto para escoger, dentro de lo posible, su propio camino.

El tercer reduccionismo consiste en definir la identidad de la persona basándola tan sólo en algún aspecto de todo el conjunto de elementos que la definen, sobrevalorándolo, y obviando que la identidad abarca muchísimos elementos: aspectos anatómicos, fisiológicos, generacionales, sociales, de género, culturales, etcétera. Responder a la pregunta «¿quién soy yo?» no se puede reducir a delimitar un par de rasgos, por importantes que se consideren. Así, incluso un aspecto tan relevante como el sexo —ser biológicamente hombre o mujer—, algo fuertemente anclado en lo biológico, posee un gran nivel de complejidad (bisexualidad, transexualidad, diferencias entre sexo y género, etcétera).

De suyo, por ejemplo, para evitar el estigma en relación a la identidad en el área de la salud mental se considera que no se debe decir que alguien «es esquizofrénico», sino que es una persona «con esquizofrenia», porque ni siquiera un trastorno como la esquizofrenia puede, ni de lejos, definir a una persona.

En definitiva, asimilar identidad a diferencia, verla de modo estático y reducirla a un pequeño número de aspectos favorece convertir la identidad en una fuente artificial de conflictos y sufrimientos.

 *El duelo migratorio comporta una regresión psicológica*

En los apartados anteriores, hemos visto el número y la amplitud de los cambios a los que se halla sometido el inmigrante. Ante esta situación de tener que afrontar tantos cambios a la vez, la persona que emigra tiende con frecuencia a sentirse abrumada e insegura, y adopta actitudes regresivas. Desde una perspectiva psicológica, el concepto de «regresión» se entiende como el retroceso de la persona hacia actitudes más infantiles, menos autónomas, menos maduras, y tiene un efecto de relajación, ya que la vida social comporta un gran esfuerzo de adaptación. De ahí, por ejemplo, la importancia de la vida en familia, imposible para muchos inmigrantes en la que la persona se expresa tal y como es y puede vivir una regresión natural y sana. Podríamos decir que se expresa «en chándal» o «en pijama», es decir, sin tener que realizar todo el esfuerzo que comporta la vida social.

El concepto de regresión fue aportado por Freud, quien sostuvo que el desarrollo del funcionamiento psíquico tenía lugar a través de diferentes etapas, progresivamente más complejas y evolucionadas. Cuando la persona debía afrontar una situación especialmente difícil, podía verse incapacitada para hacerlo con los mecanismos propios del nivel en el que se encuentra y, ante ello, regresar a abordarlo con mecanismos propios de etapas anteriores.

Las tres expresiones básicas de esta regresión en la migración serían:

- Las conductas de sumisión y dependencia. Así, el inmigrante tiende a comportarse a veces de modo sumiso ante las figuras de autoridad, como actúa el niño ante las figuras paternas.

    Habría que señalar que, en ocasiones, los servicios asistenciales también favorecen la dependencia —y, con ella, la infantilización— de los inmigrantes al actuar con posturas paternalistas. El paternalismo es, en realidad, un modo de relación sadomasoquista, ya que inferioriza al otro, lo infantiliza, impide que se desarrolle, ataca su dignidad.

Por esta razón, muchos servicios asistenciales siempre que dan algo piden algo a cambio, aunque se trate de algo simbólico, para mantener la dignidad. La dignidad es la base de la autoestima y ésta es uno de los fundamentos de la salud mental. Sabemos muy bien que en muchas culturas dar algo que no se puede devolver es ofensivo. La reciprocidad es la base de la cultura, de la relación.

Además, las intervenciones de tipo paternalista tienden a acabar mal. El que pide se acostumbra a pedir y cada vez pide más, y el que da comienza a hartarse del que pide y a verle poco menos que como un parásito. La relación suele acabar como el rosario de la aurora. El paternalismo esconde ambivalencia, rechazo inconsciente, como la sobreprotección paterna.

Sin embargo, también en niños inmigrantes se puede ver el reverso de esta dependencia; en estos casos, se origina una formación reactiva (hacer lo contrario) en forma de hipermadurez, forzados por la circunstancias adversas. Son los niños que han de funcionar como adultos, son «los niños viejos».

- La sobrevaloración de los líderes. Se produce sobre todo en los jóvenes y las personas mayores, porque tienen menos recursos, menos capacidad de autonomía y tienden a sentirse más inseguros.

Como señala M. Klein (1957), cuando el líder es generoso, sano, despierta en las personas la esperanza en que predomine la justicia y el apoyo mutuo. La psicología social y la psicología evolucionista señalan que cuando hay una situación de peligro los seres humanos tendemos a actuar de modo regresivo, a empequeñecernos. Existe una propensión a la jerarquización; nos «militarizamos», aparece la búsqueda de un jefe, de un líder, de «un caudillo»; funcionamos como un hormiguero. Pero cuidado porque los líderes no siempre son capaces y honestos; pueden utilizar los conflictos en su propio beneficio. Puede ocurrir como en el cuento de El flautista de Hamelín. No es extraño que en estos contextos surjan líderes religiosos, sectas, que actúan como la mafia: primero meten miedo y luego cobran para dar seguridad, crean un problema y luego se ofrecen gustosos a resolverlo, en plan bombero pirómano. Por lo tanto, hay que tener cuidado ante los líderes incompetentes o perversos. De ahí la importancia de que las personas tomen sus propias decisiones sin ser manipuladas, aunque se ha de tener en cuenta que en los grupos con funcionamientos más comunitaristas se tiende a la jerarquización, sin duda porque, cuando las circunstancias son difíciles, aparece este tipo de funcionamiento.

Como es sabido, desde la teoría de la resolución de conflictos se defiende que la mayoría de las guerras y las situaciones de violencia social provienen de líderes inadecuados. Como señala Orwell en 1984, si se mantiene a la gente asustada se la domina mucho mejor. Desde la psicología evolucionista, se plantea que la gente es más bien crédula y tiende de modo natural a buscar soluciones a los problemas de modo cooperativo (por ejemplo, nos alteramos fisiológicamente cuando decimos mentiras, no cuando decimos la verdad, que es lo esperable para el buen funcionamiento del grupo).

- La queja infantil. Otra actitud típicamente regresiva ante la frustración y el dolor es la protesta, la pataleta. Aquí podemos observar un fenómeno paradójico, pues los inmigrantes tienden a protestar y quejarse de modo intenso justamente ante quienes mejor les tratan: los servicios sociales y asistenciales. Ello desconcierta profundamente a los profesionales que trabajan en estos dispositivos ya que, con razón, piensan que, siendo justamente ellos quienes mejor les atienden, son paradójicamente los receptores de sus quejas más radicales. La explicación psicológica de este fenómeno es que la queja se deposita donde se encuentra alguien que pueda «contenerla», aguantarla, tolerarla. Obviamente, los inmigrantes no irán a quejarse a la policía, al funcionario, al guardia de seguridad.

Podríamos hablar de «congelación del duelo». El duelo se expresa allí donde puede ser contenido. Es como el niño que en la guardería se da un golpe a media mañana y, cansado de llorar y de que no le hagan caso, lo olvida; luego, cuando llegan sus familiares a recogerle y les dicen que se ha hecho daño, se pone a llorar otra vez sin parar. Porque ahora sí tiene quien le consuele.

Se ha de tener en cuenta, de todas maneras, que esta regresión psicológica no tiene lugar de modo continuado y permanente en la migración, sino que se da especialmente en determinados momentos de tensión y dificultades.

Expresiones indirectas de esta regresión pueden ser, también, la vuelta más o menos radical a la cultura de origen. De forma natural, personas que en su país habían estado poco apegadas a las tradiciones a partir de la migración se agarran a ellas. La cultura tradicional sería un punto de referencia permanente en un mundo que cambia y en una sociedad de acogida a menudo hostil.

Es importante permitir parcialmente esa regresión en la elaboración del duelo migratorio para poder tomar fuerza en el proceso de adaptación al país de acogida.

El duelo migratorio se vive en una serie de fases

Sabemos que los procesos de elaboración del estrés y del duelo se dan por fases, no de golpe. Así, Selye, en sus investigaciones sobre el estrés (Selye, 1954), define tres etapas de respuesta al estrés:

- **Alarma.** Etapa en la que el organismo reacciona con gran intensidad ante el estímulo estresor.
- **Resistencia.** Etapa en la que se ponen en marcha respuestas más organizadas y sostenidas.
- **Adaptación.** Etapa en la que el organismo se amolda al estímulo estresor. Si el proceso fracasa, hablaría de otra fase, el agotamiento.

Posteriormente, J. Bowlby (1985) definió cuatro etapas de la elaboración psicológica de los procesos del duelo que vamos a adaptar a la migración:

- Negación. Fase en la que no se puede aceptar la realidad del cambio y el individuo no la quiere ver. De todos modos, tampoco es extraño que en las primeras fases de la migración existan posturas que podríamos calificar de hipomaníacas. Sin una cierta temeridad, sin ciertos momentos de «locura», la mayoría de la gente no se movería de su casa, sobretodo en la migración de alto riesgo. La negación se expresa en afirmaciones como «no pasa nada» o «a mí no me afecta lo que pasa».
- Resistencia. En este período hay una actitud de protesta y queja ante el esfuerzo que supone la adaptación. Ante la magnitud de las dificultades y los retos a los que se enfrenta el inmigrante, surge, como señalábamos en el apartado anterior, la queja.
- Aceptación. La persona se instala en la nueva situación (en el caso de la migración, en el país de acogida)

y es capaz de ver e integrar lo bueno y lo malo de su nueva realidad.
- Restitución. Es la reconciliación afectiva con lo que se ha dejado atrás y con la nueva situación (en el caso de la migración, con el país de origen y el país de acogida). Se acepta plenamente lo bueno y lo menos bueno —o malo—, tanto del país de origen como del país de acogida.

Evidentemente, no todo el mundo llega a esta fase y hay quien se queda instalado en la protesta o, incluso, en la negación. Desde la perspectiva de la aplicación de los planteamientos de Bowlby a la elaboración del duelo migratorio, se han de tener en cuenta la influencia de factores como la recurrencia, el contexto social, etcétera, que introducirían elementos diferenciales en el proceso.

En nuestra experiencia en el SAPPIR hemos observado que en la primera etapa de la elaboración del duelo migratorio se da una diferencia de género. Así, en una investigación realizada con más de 300 casos de inmigrantes de todo el mundo en nuestro centro y en la Universidad de Barcelona mediante un cuestionario sobre los siete duelos de la migración, hemos constatado que los hombres tienen una fase inicial de negación más intensa y más duradera que las mujeres. Es más frecuente que las mujeres nos refieran que llegaron aquí y se encontraron con que no entendían nada de lo que decía la gente, que hacía mucho frío, que se pasaron varios días llorando, pero que luego, poco a poco, se fueron encontrando mejor, aunque les costó adaptarse. En el caso de los hombres, es más frecuente que digan que no notaron nada especial al principio y que luego fueron viendo los problemas que había y se fueron sintiendo afectados por ellos.

> Este caso puede servir como ejemplo de la importancia de respetar las fases del duelo migratorio. Un refugiado iraní acudió a la consulta tras recibir la noticia de la muerte de su madre. Era el hijo pequeño y estaba muy vinculado a ella. No poder ir al funeral le afectó mucho. Explicaba que anteriormente lo había pasado muy mal en la cárcel, en su huida por las montañas, pero que nada le había afectado tanto como la muerte de su madre. En el curso de la entrevista, me dijo una frase que nunca olvidaré: «**Doctor, estoy triste por la muerte de mi madre, pero no me dé medicación porque si me encontrara mejor, me encontraría peor. Tengo que vivir todo este momento**».

La ambivalencia hacia el país de acogida y el país de origen

El inmigrante siente a la vez amor y odio hacia su país de origen. Siente amor por los vínculos que estableció allí, y siente frustración y rabia porque tuvo que marchar de su tierra y el país de origen fue una «mala madre» que no le dio todo lo que necesitaba. De este modo, las emociones de amor y de odio se mezclan.

Además, también hay ambivalencia hacia el país de acogida. Tiene sentimientos amorosos por los vínculos que ha establecido, pero también sentimientos de frustración y rabia por el esfuerzo que le supone la adaptación.

Esta mezcla de sentimientos se expresa en esa situación tan típica del inmigrante de que cuando está en el país de acogida se dedica a elogiar desmesuradamente al país de origen y cuando está en el país de origen se dedica a elogiar desmesuradamente al país de acogida... ¡Logra cabrear a todo el mundo! Y logra que le digan que si tan bien está en el otro lado por qué no se va ya de una vez. El problema es que lo dicen en los dos lados, y acaban por sentirse mal en todas partes.

Una imagen prototípica de esta situación es la de los coches de inmigrantes cargados de regalos hasta los topes para impresionar a los del pueblo. El que vuelve siente una gran necesidad de mostrar que su esfuerzo ha valido la pena, y le encanta fardar. Verano tras verano, vemos cómo se repite la escena en las autopistas que van hacia el sur de Europa.

Pero esta situación no es muy diferente a lo que recogían las películas españolas que abordaban el tema de la migración de los años 1970, como *Vente a Alemania, Pepe*, película en la que José Sacristán hace el papel de un inmigrante español en Múnich que cuando vuelve de vacaciones a su pueblo en el Alto Aragón lo hace con un enorme Mercedes alquilado y explica que en Alemania todo es muy fácil, que se liga un montón... Luego se demuestra que todo es mentira, que son invenciones del pobre Manolo para impresionar a los del pueblo.

Esta teatralización parece un rito que se repite generación tras generación. Parece como si los emigrantes necesitaran demostrar que se fueron de su tierra para algo que valió la pena: triunfar y mejorar el estatus. Así, pueden justificar haberse ido y todo el esfuerzo que han realizado.

Hoy —en México, en Marruecos, en Senegal—, también se da el rito de quien marcha en patera o como espalda mojada y vuelve en Mercedes. Pero todo esto genera terribles equívocos como los frecuentes casos de familias que se enfadan porque piensan que sus familiares aquí viven a todo plan y les envían muy poco dinero... cuando muchas veces estos inmigrantes viven situaciones muy duras, incluso de exclusión social.

Sin embargo, una cierta ambivalencia moderada es importante porque favorece la comparación constructiva. Cuando la ambivalencia relacionada con la elaboración del duelo migratorio es moderada, puede favorecer la crítica constructiva, ya que el inmigrante conoce las dos culturas y puede comparar, aportando ideas útiles para la sociedad de origen y la de acogida.

De todos modos, siempre se ha dicho que la comparación es odiosa y no es infrecuente que los comentarios del inmigrante generen ciertas reacciones adversas, incrementadas por el elemento de ambivalencia al que hacemos referencia. En relación a la comparación y los temores que despierta, desde la antropología se señala que precisamente una de las motivaciones del mantenimiento del tabú de la virginidad era que si se lograba que la mujer no conociera sexualmente a otros hombres resultaba mucho más fácil que el marido fuera valorado como alguien bien dotado sexualmente. ¡Con quién podía compararlo!

El duelo migratorio afecta a los que emigran, a los autóctonos y a los que se quedan en el país de origen

La migración es un proceso que da lugar a cambios en la vida no sólo de quienes emigran, sino también de las personas que reciben a los inmigrantes y de los familiares que se quedan en el país de origen. Emigrar es como mover una pieza en un tablero de ajedrez: todas las piezas quedan afectadas porque, con el movimiento, la partida ha cambiado. La migración es un hecho social y, como todo hecho social, repercute en el conjunto de la sociedad. Veámoslo a continuación:

a. Los autóctonos

Los autóctonos también han de modificar aspectos de su vida al relacionarse con los inmigrantes. Por ejemplo, si un hermano o una hija de un autóctono se casa con un inmigrante, sus costumbres culinarias y religiosas, su mentalidad, sus fiestas tradicionales (el Ramadán, la Fiesta del Dragón o la Virgen de Guadalupe, para citar algunas), tendrán que tenerse en cuenta en la vida familiar, lógicamente. Habrá aspectos que se aceptarán gustosamente y otros que pueden resultar conflictivos.

En sí, la xenofobia y el racismo serían la no aceptación de ese duelo y el intento de rechazar todo cambio. Paradójicamente, a veces se hace en nombre de la defensa de la identidad, obviamente entendida en el sentido más restrictivo del término, ya que la identidad es construcción y deconstrucción, no una esencia que debe permanecer pura e inmodificable, tal como ya hemos señalado.

El autóctono también ha de hacer un esfuerzo para adaptarse a vivir con personas de otras culturas y mentalidades, y ver cómo cambia su paisaje humano. Pero también debe reconocer la enorme aportación de los inmigrantes a la sociedad de acogida, algo que, por ejemplo, no se ha hecho suficientemente en la historia reciente en muchos países. No se ha reconocido suficientemente la aportación de los inmigrantes a la industria textil de Cataluña, a la construcción del metro de Barcelona o la minas de hierro de Vizcaya, por ejemplo. Generaciones de inmigrantes se dejaron la piel a tiras y han contribuido al desarrollo y al bienestar de las sociedades de acogida. Actualmente, es evidente que gran parte del crecimiento de la economía y del bienestar de muchas sociedades se debe a la ayuda de los inmigrantes.

> Así —con un sentido del humor no exento de ambivalencia—, nos lo explicaba un vecino de un bloque de pisos en Ciutat Vella, en Barcelona (un distrito que tiene el mayor porcentaje de inmigración de Cataluña): «yo vivía hace 20 años rodeado de autóctonos; hoy en mi escalera viven arriba chinos y senegaleses, enfrente bielorrusos y pakistaníes, abajo peruanos y ucranianos; total, que las reuniones de escalera son en nueve lenguas... Aquello parece la ONU. Salgo a la escalera y uno baja con un turbante, otro con una chilaba, otro con un cholo, un caftán, un sari... Y me he de pellizcar para comprobar que no estoy soñando porque yo no me he movido de mi casa y ¡vaya que sí he emigrado! Tengo sentimientos casi de «desrealización»... ¿No estaremos en los carnavales? Hay

> días en los que me froto los ojos, para ver si es un sueño.... ¡Yo también necesito un programa de integración!».
>
> También, con buen humor, en una población cercana a Barcelona en la que viven muchos africanos y por la que pasa un río llamado Congost, alguien quitó las dos letras finales de un cartel dejándolo en «El río Congo».

Tampoco hay que caer en discursos que culpabilizan sin más al autóctono —sobre todo de clases populares— de las dificultades de los inmigrantes. Justamente son estos sectores, que ya viven muchas veces en situaciones de precariedad, los que más comparten con ellos los problemas sociales. Muchas veces, culpabilizar es una forma de manipular y el efecto es el contrario: produce un fuerte rechazo y se rompe la comunicación. No es un tema de buenos y malos, como en las películas de sesión de tarde; es más bien una película de arte y ensayo, con situaciones muy complejas, y, del mismo modo que hay autóctonos con actitudes inadecuadas, también hay inmigrantes que explotan a sus propios compatriotas.

De todos modos, el tema de cómo viven los autóctonos la llegada de los inmigrantes no es fácil abordar. Las campañas bienintencionadas contra el racismo no suelen dar muy buen resultado. Por ejemplo, en relación a una gran campaña antidroga con gran alarde publicitario, fue muy comentado que, ante un cartel situado en el metro de Barcelona en el que ponía «la droga mata lentamente», alguien escribió «no tenemos ninguna prisa». Estas grandes campañas se perciben como muy lejanas e incluso hipócritas. Resulta mejor el debate abierto, claro, en pequeños grupos en el trabajo, en el barrio, en contacto con los inmigrantes lo que da la posibilidad de conocerse.

ℬ. Los que se quedan

Por otra parte, los familiares que quedan en el país de origen del emigrante también notan su ausencia. Hijos, madres, padres, viven intensamente la separación, muchas veces por largos años, de sus seres queridos. Para un niño que ha vivido una infancia sin sus padres, toda su vida estará marcada por este hecho, por la migración de sus padres, por una infancia huérfana.

> Recuerdo el caso de una mujer latinoamericana que tenía dos hijos pequeños en su país de origen y que nos explicaba cómo le afectaba el contactar con ellos: «le rompían el corazón». Ejercían sobre ella una enorme presión emocional diciéndole cosas como «mamá, cada mañana al levantarnos miramos si has regresado», «hemos estado enfermos y no nos has cuidado»...

Además, por desgracia no es infrecuente que, mientras los padres se sacrifican para enviar gran parte del dinero que ganan aquí para mantener a sus hijos, éstos se malcríen allí con tíos y abuelos, gastando inadecuadamente el dinero que tanto les cuesta enviar.

También las personas mayores que ven cómo se marchan sus hijos notan dolorosamente su ausencia. Muchas veces con la fantasía de que quizás nunca más los volverán a ver o sufriendo por la pérdida de contacto con sus nietos, a los que muchas veces apenas conocerán (Tizón *et al.* 1993).

Desde una perspectiva más social y política, podemos ver que la marcha de los inmigrantes tiene enormes repercusiones sobre los países de los que provienen. En los últimos años, muchos países de África, Asia o América están viviendo una auténtica sangría de las personas más fuertes y capacitadas, quienes, ante los irresolubles problemas de estas sociedades, toman el camino de la migración o del exilio, dejando tras de sí un enorme vacío en sus países de origen. Cuando la gente no puede votar con las manos, vota con los pies. Se va. Se ha señalado también el caso de la antigua Rusia soviética como ejemplo una situación en la que se van marchando de un país las personas más capaces, como un nuevo lastre que impide que estas sociedades puedan evolucionar y desarrollarse, perpetuándose así los sistemas dictatoriales, el subdesarrollo, etcétera. Todo un dramático círculo vicioso.

 *El regreso del emigrante es un nuevo cambio que tiene a su vez su parte de duelo. Nunca se vuelve, siempre se va*

El regreso del inmigrante es, a su vez, una nueva migración. En el tiempo en que ha vivido fuera del país de origen, se han producido muchos cambios, tanto en la personalidad del inmigrante como en la sociedad de la que partió hace ya tiempo. Al regresar al país de origen, llega una persona muy diferente de la que un día marchó; y llega a un país que también es diferente. Es la vieja idea de Heráclito de que nadie se baña dos veces en el mismo río, pues todo fluye, *panta rhei*.

Se vuelve a repetir la situación inicial: volvemos a estar ante un proceso de cambio que comporta una parte de duelo por lo que se deja atrás; en este caso, la vinculación que el inmigrante ha efectuado a lo largo de los años con el país de acogida. En este sentido, tal como recoge el título de este apartado, que podría muy bien ser el título de un tango: «siempre se vuelve, siempre se va».

No es extraño que la elaboración de tantos cambios a veces no sea exitosa, pues no es fácil. En la cultura española, un ejemplo de elaboración dificultosa de este duelo lo tenemos en la figura del indiano, la persona que marchaba joven a trabajar a América y regresaba ya mayor a su ciudad o pueblo de origen, mostrándose como alguien muy inadaptado. Así, en la cornisa cantábrica chocaba que vistiera de blanco inmaculado o que se empeñara en plantar palmeras como si estuviera en la América tropical. Pero dejaron también muy hermosas construcciones, la bella y emocional música de las habaneras...

Actualmente, esa situación ha cambiado en muchos casos a peor; ahora hay muchos inmigrantes que regresan, pero fracasados. Si ya el regreso habiendo tenido éxito en la migración es un proceso psicológicamente complejo, el regreso fracasado lo es aún más.

> Participé en un programa de ayuda a catalanes que regresaron de Latinoamérica tras las crisis del corralito, la dolarización. Eran personas que volvían con las manos vacías, ancianos, enfermos... En bastantes casos se sentían rechazados en la tierra en la que nacieron. Hasta tal punto era difícil la situación de estas personas, que el gobierno autónomo de Cataluña, la Generalitat, puso en marcha un programa de ayuda para ese colectivo. Ya no regresan indianos extravagantes, sino gente a la que se rechaza por su pobreza, su edad... en definitiva: por su fracaso. He asistido a pocas sesiones más tensas y difíciles. He visto a pocas personas tan frustradas y enfadadas. Ahora se sentían extranjeros incluso en su propio país.

Esto nos remite al punto en el que señalábamos cómo el inmigrante siempre intenta mostrar su éxito y lo doloroso que le resulta a todos los niveles, también en el emocional, el fracaso. El regreso fracasado es doblemente difícil.

Otro caso extremo de regreso difícil sería el de los inmigrantes que al volver a su país se encuentran con que ya ni siquiera existe. Es el caso de la Unión Soviética, Yugoslavia, etcétera.

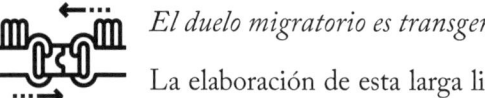

El duelo migratorio es transgeneracional

La elaboración de esta larga lista de vivencias que hemos descrito en los apartados anteriores lógicamente no se agota en el inmigrante, sino que se continúa también en sus hijos y podría continuar en las siguientes generaciones si no logran ser ciudadanos de pleno derecho en la sociedad de acogida.

Quizás, el ejemplo más claro de esta situación sea el de los negros en Estados Unidos. De los 100 millones que fueron traslados como esclavos, 60 millones murieron en los viajes o víctimas de la explotación. Los afroamericanos llevan ya decenas de generaciones en Estados Unidos y, en gran parte, continúan sin estar integrados en esa sociedad. Es bien conocido que hay más negros en las cárceles que en las universidades.

Desgraciadamente, en la migración extracomunitaria actual también se están dando, al menos en parte, estas circunstancias, lo que impide la integración de los inmigrantes y pasa a las siguientes generaciones el testigo de la exclusión social.

Los hijos de los inmigrantes ya han nacido aquí. Evidentemente, no son inmigrantes porque la condición de inmigrante no se hereda; son autóctonos a todos los efectos. Pero, por desgracia, sí se hereda en muchos casos la exclusión social. Estos descendientes de inmigrantes se convierten en minorías y grupos marginados, víctimas de la discriminación. El fracaso escolar se ceba especialmente en ellos. Muy pocos llegan a la universidad, no tienen el nivel de vida de los autóctonos y pueden tender al repliegue comunitarista, al gueto (el nombre «gueto» proviene del barrio de Venecia donde estaban confinados los judíos).

Con frecuencia, se constata que los hijos de inmigrantes viven un duelo migratorio aún más complejo que el de sus padres: son personas que pueden haber nacido en el nuevo país y haberse educado en su cultura, pero que a través de los vínculos familiares y del contacto con el país de origen han interiorizado también la cultura de los padres. De hecho, se ha demostrado que su índice de trastornos mentales es superior al de sus padres (Harker, 2001; Vega, 2002).

El grado de elaboración del duelo migratorio de los padres ejerce una profunda influencia sobre las actitudes que adoptan hacia el país de acogida los miembros de la siguiente generación. Tengamos en cuenta —tal como ya hemos señalado— que las circunstancias que favorecen la exclusión y la marginación dan lugar a que el duelo se prolongue a través de las generaciones y a que los procesos de integración e interculturalidad sean más difíciles.

También hay que señalar que las situaciones en que se encuentran los primeros inmigrantes y a la de sus hijos son diferentes. Con frecuencia, los primeros en llegar están demasiado ocupados instalándose en el nuevo país, saliendo adelante accediendo a unos mínimos de vivienda y alimentación, enviando dinero a sus familiares en el país de origen. Esto, junto con los problemas legales a los que se hallan sometidos y que les dificultan la posibilidad de protestar por su situación, dado que podrían ser expulsados fácilmente. Sin embargo, sus hijos se hallan mejor situados en la sociedad de acogida y pueden expresar más sus dificultades. Además, conocen mejor la forma de hacer llegar estos mensajes de protesta a los medios de comunicación. Como muestra, en el caso francés, fueron las jóvenes quienes reivindicaron el derecho a entrar con el velo en la escuela y lo hicieron utilizando los recursos de la sociedad de acogida (por ejemplo, organizando sus protestas a las horas de los informativos de las televisiones francesas, con el objetivo de lograr las máximas audiencias).

Incremento de la resiliencia en los siete duelos de la migración

> **Los siete duelos de la migración**
>
> I. La familia y los seres queridos
> II. La lengua
> III. La cultura
> IV. La tierra
> V. El estatus social
> VI. El contacto con el grupo de pertenencia
> VII. Los riesgos para la integridad física

La familia y los seres queridos

Quizás, es el aspecto que más rápidamente nos viene a la mente al hacer referencia al estrés y el duelo migratorio: despedidas, locutorios, etcétera. Estas separaciones son muy importantes para los seres humanos porque afectan al apego que, según Bowlby (1986) —autor que integra y aúna aspectos psicoanalíticos y cognitivos—, es un instinto.

Pero, tal como hemos señalado, la problemática que acompaña a todo duelo se presenta en grados diferentes. Así, no es lo mismo que marche de casa un joven soltero que comienza una nueva vida que alguien que deja atrás hijos pequeños.

Estas separaciones forzadas dan lugar a un gran sufrimiento psíquico que incrementa el riesgo de padecer un trastorno mental en los menores vulnerables. Estos niños no pueden perdonar el sufrimiento tan intenso que han vivido y con frecuencia son crueles en el trato con sus padres y se vengan del abandono sufrido cuando vuelven a vivir juntos tras la reagrupación familiar.

No es infrecuente que los menores que han estado largo tiempo separados de sus padres se muestren absolutamente indiferentes a su llanto en las consultas y que les digan abiertamente que les odian. También, por supuesto, los padres se ven muy afectados por estas separaciones forzadas y tienen dificultades para volver a estructurar la familia tras la reagrupación, máxime cuando los niños se muestran tan vengativos.

Una familia que ha estado separada largo tiempo es como un jarrón que se ha roto. No es fácil que todas las piezas vuelvan a encajar. En todo caso, se requiere mucho apoyo, buenas condiciones, estabilidad; algo que con frecuencia no ocurre y acaba desestructurando a las familias.

> ¡Mamá, es usted una puta! Con esta frase pintó Jonathan todas las paredes de su nueva casa. Acababa de llegar a España por reagrupación familiar y había descubierto que su madre tenía otra pareja. Aquello resultó demasiado para él tras 8 años de separación. Un día, mientras jugaba un partido de fútbol, salió como una exhalación del campo hacia el coche en el que estaban su madre y su nueva pareja viendo el partido porque pensó que su madre, que se había agachado a coger algo, le estaba haciendo una felación a su pareja.

Estas situaciones muestran, de modo muy crudo, lo difícil que resultan a los niños estos reencuentros tras los largos años de separación forzada que han marcado su infancia. En el mundo de hoy, con la gran mejora de las comunicaciones, los niños que van y vienen se están convirtiendo en una realidad habitual. Pero un niño no es un paquete postal.

Lamentablemente, apenas existe ningún tipo de coordinación institucional para ayudar a estos niños y a estas familias a pesar del grave riesgo que supone la situación que viven. Con los formidables avances tecnológicos que poseemos, no sería difícil, como mínimo, coordinar la ayuda entre los profesores, entre los ayuntamientos de las ciudades de las que proceden y a las que van, y dar apoyo a estas familias que viven situaciones tan difíciles.

Sabemos que el duelo migratorio de los hijos de los inmigrantes es muchas veces más complicado que el de los propios padres, incluso cuando toda la familia está junta. No es difícil prever qué ocurre cuando las circunstancias son tan negativas por la vivencia de estas largas separaciones que los niños viven como abandonos.

Además, a esta situación se añade con frecuencia —tal como vemos en muchos casos en el SAPPIR en Barcelona— que muchos de estos menores han sufrido malos tratos, abusos sexuales o explotación laboral, dada la radical indefensión en la que se encuentran.

Ante esta realidad, desde La Red Atenea (red global de apoyo psicológico y psicosocial a inmigrantes en situaciones extremas, http://laredatenea.com) hemos puesto en marcha un programa de coordinación entre entidades y administraciones para mejorar la suerte de estos menores.

Los hijos se han sentido abandonados (ellos no entienden de geopolítica y de las causas de las migraciones, sólo perciben su situación), los padres se sienten culpables…

> Recuerdo el caso de un niño ecuatoriano que se había reagrupado y rechazaba a sus padres; me explicaba que se decía a sí mismo: «hazte duro, endurece tu corazón…». Tenía mucho miedo a volver a acercarse emocionalmente a sus padres tras años de separación.

Ya desde la Segunda Guerra Mundial, tenemos datos que muestran que la salud física y mental de las personas que viven situaciones dramáticas es mejor cuando se mantienen unidas a las familias, especialmente en el caso de los niños. En los terribles bombardeos nazis sobre Inglaterra de 1941, se observó que los niños que permanecían con sus madres viviendo el terror de los bombardeos en el metro de Londres estaban mejor que los que habían sido enviados a lugares más seguros. Junto a sus madres, los niños pasaban menos miedo durante el bombardeo que solos lejos de su familia, temerosos de la suerte que podrían vivir sus padres.

En la guerra de la antigua Yugoslavia, se volvieron a constatar los mismos hechos. Algunos niños enviados a Suecia y a otros países nórdicos, donde contaban con todas las atenciones necesarias para su salud y seguridad, estaban más angustiados que los que pasaban privaciones junto a sus padres instalados en campamentos en condiciones precarias.

La lengua

El aprendizaje de la lengua del país de acogida posee un parte de placer y satisfacción, pero también requiere esfuerzo. Muchas veces, este proceso no es fácil para el inmigrante, que está sometido a extenuantes jornadas de trabajo, con poco contacto con los autóctonos para poder practicar la lengua y con dificultades para acceder a las clases.

Se calcula que se necesitan unas 3.000 horas de aprendizaje para dominar una nueva lengua. Como se suele decir irónicamente: «en la gramática por cada norma hay 100 excepciones», o «no hay regla sin excepción». Además, cada lengua tiene sus dificultades: en el francés, los acentos; en el español, los verbos…

Un niño posee una gran capacidad para aprender una nueva lengua, pero también de olvidar su lengua materna si no está en contacto con ella. Existe una capacidad gramatical innata, tal como demostró N. Chomsky, y se ha podido demostrar que, al enseñar reglas gramaticales falsas, no se activa el área de Broca del cerebro. Cada niño es un gramático y, cuando se equivoca al hablar, es porque dice lo que correspondería según la lógica gramatical, no la excepción. Por ejemplo, cuando dicen *vinió*, en vez de «vino», que es una irregularidad gramatical.

En el debate sobre la enseñanza a los niños con problemas de aprendizaje lingüístico, se ha señalado la importancia de tener en cuenta la lengua materna sobre todo para la escritura. Por desgracia, no siempre se aplican estos criterios y, así, vemos como hay niños que acaban pegando más que hablando. Lamentablemente, en el debate sobre esta temática priman con frecuencia otros aspectos más que el interés por los menores inmigrantes.

El duelo complicado tiene que ver con situaciones como que la persona tenga déficits en sus capacidades lingüísticas (un 25% de los niños, especialmente los varones, padece dislexia o disgrafía, presentando dificultades en la lectura o en la escritura). También las personas mayores, analfabetas, o de un nivel cultural bajo tienen más dificultades para aprender lenguas nuevas. Por eso, es muy importante que los programas de integración lingüística lo tengan en cuenta. En los niños, el aprendizaje simultáneo de varias lenguas tampoco facilita las cosas, sobre todo si el niño no tiene un nivel de capacidad alto o el medio es poco posibilitador. Así, por ejemplo, en España hay comunidades en las que los niños estudian la lengua propia de la comunidad autónoma en la escuela, utilizan el castellano en la calle, el bereber en casa, el árabe clásico en la mezquita, el inglés y el francés como lenguas adicionales. Es obvio que, en estos casos, se han de implementar programas específicos si hay niños con problemas de aprendizaje.

Evidentemente, hacer referencia al duelo por la lengua no quiere decir que el inmigrante deba renunciar a su lengua materna, aunque puede comprobarse que los hijos de los inmigrantes tienden a perderla.

El duelo extremo por la lengua sería el que tiene lugar cuando el inmigrante —bien por limitaciones propias graves (retraso mental, psicosis, accidente cerebrovascular, sordera, etcétera) o bien por hallarse en un medio muy hostil (sin papeles, sin contacto con autóctonos para el aprendizaje de la lengua)— carece de las condiciones para el aprendizaje de la nueva lengua. En este caso, no contactan con la lengua y la cultura. Como nos explicaba un marroquí sin papeles: «Es que en el trabajo clandestino se habla muy poco, ¿sabe usted?».

En la relación asistencial, la lengua se convierte en un obstáculo importante a la hora de establecer la comunicación. Cuando un paciente dice tres veces seguidas que sí al terapeuta, es que no le ha entendido. Tal como señalaron los ya clásicos estudios de Marcos (1976), cuando el profesional no entiende la lengua en la que se expresa el paciente se tiende a sobrediagnosticar, con los riesgos que esto comporta para la intervención asistencial —tal como señalaremos al hablar de la ayuda a los inmigrantes en la tercera parte del libro—.

Pero también se ha de señalar que aunque la lengua es muy importante, no toda la comunicación se expresa a través del lenguaje. Así, cuando algo es muy intenso, muy impactante, se dice que es indescriptible, que no hay palabras para expresarlo. El lenguaje no verbal, los gestos —como señalaremos más adelante—, constituyen la parte más relevante de la comunicación (más del 80%). Cuando hablamos con alguien, hacemos mucho más caso a su gestualidad que a lo que nos dice; la credibilidad del mensaje se halla en la gestualidad. De todos modos, hay toda una tradición, la alemana, que ha enfatizado la importancia de la lengua: «los límites de tu lengua son los límites de tu mundo», señalaba Heidegger. Pero, tal como señalaremos, el campo de la comunicación es más amplio que el campo de la lengua.

La cultura

Utilizamos aquí el concepto de cultura en el sentido más amplio, que abarcaría los valores, la concepción del mundo, los hábitos alimentarios, la forma de vestir, el ocio, incluso la religión, etcétera.

La lengua se halla muy vinculada a la cultura, pero no son lo mismo. Así, un español y un cubano hablan la misma lengua, pero se considera que son de culturas diferentes.

El contacto con la nueva cultura no siempre es fácil para el inmigrante. El estrés relacionado con el cambio en los aspectos culturales, el denominado «estrés aculturativo», es un tema clásico, central en el estudio de las migraciones. Pero en el contexto actual, en la nuevas migraciones del siglo XXI, los estresores familiares y sociales se han convertido en mucho más relevantes aún. De todos modos, entre el estrés aculturativo y el estrés social existen muchos vasos comunicantes, ya que con frecuencia los conflictos de tipo social tienden a expresarse a través de la cultura y la identidad.

Al igual que en el caso del duelo por la lengua, se considera que toda persona que emigra tiene capacidad para establecer el contacto con la nueva cultura si no tiene déficits personales previos y se halla en un medio que no obstaculice dicho contacto.

Uno de los conflictos más frecuentes desde el punto de vista del duelo por la cultura tiene que ver con el tema del velo, un tema que ha hecho correr ríos de tinta en los últimos años. Se ha señalado que el debate del velo en Francia ha sido en buena parte un montaje, en gran parte orquestado desde la prensa ansiosa de titulares y desde ciertos grupos políticos antinmigración. En el caso de España, la mayoría de las inmigrantes que se cubren usan el hiyab, que es un pañuelo y no un velo, como el nicab, que sólo permite ver los ojos.

Como nos comentaba asombrada e indignada una adolescente de origen magrebí: «¿Es que es un tema de debate público cómo he de vestir yo?, ¿es que todo el mundo tiene derecho a opinar sobre cómo visto?». Ante la dificultad de hallar una solución a este tema, fue muy interesante la postura adoptada por un colegio inglés en el que se decidió permitir llevar velo, siempre que hiciera juego con el uniforme del colegio. Se guiaron exclusivamente por criterios estéticos, lo cual no una mala idea ante debates esencialistas.

El inmigrante suele tener complejos sentimientos en relación a su cultura de origen y a la cultura del país de acogida. Como escribía Borges: «sólo es verdaderamente nuestro lo que hemos perdido». Cuántos inmigrantes comienzan a valorar su cultura, su folklore, sus costumbres cuando se han marchado. Como decía una inmigrante boliviana que se había apuntado a un grupo de baile tradicional: «Antes qué poco caso le hacía, qué poco valoraba mi folklore». Y añadía: «a través del folklore traigo aquí un pedacito de Bolivia».

El duelo por la cultura se inscribe en el «eterno» debate sobre la integración, la asimilación, el multiculturalismo, la interculturalidad, etcétera; debate que forma parte de la agenda política.

Desde un punto de vista psicológico, podemos señalar que la integración y la asimilación requieren que el inmigrante admire la cultura del país de acogida, que se identifique con ellas, que las valore. Por esta razón, se ha señalado que a muchos latinos no les resulta fácil la integración en el modo de vida anglosajón, al que ven con menos valores familiares, demasiado centrado en lo material («time is money»), con menos alegría.

Desde la perspectiva de los planteamientos que defienden la interculturalidad, es importante destacar que todas las culturas poseen muchos aspectos comunes, que comparten mucho más que lo que les separa. No existen una cultura A y una cultura B completamente diferentes que de repente se encuentran, sino que cada cultura es el resultado de muchas interacciones previas a lo largo de la historia.

Así, por ejemplo, considerar como gran novedad que se ha de trabajar en la interculturalidad de la cultura española con la magrebí resulta un planteamiento chocante dado que gran parte de la historia de España está relacionada con la otra orilla del Mediterráneo que, por cierto, está a 14 kilómetros (como no podía ser de otra manera). Según cómo se mire, no es que los magrebíes vayan a España, sino que quizás es que vuelven. Basta pensar que los últimos moriscos que salieron de España se marcharon de la zona del delta del Ebro en el siglo XVII y que muchos de sus regadíos continúan intactos ahora que han regresado a trabajar en esos mismos campos y utilizando las mismas acequias que construyeron sus antepasados. También, podemos pensar que el 10% del castellano o del catalán está formado por palabras árabes. La interculturalidad ya se halla entre nosotros.

Desde la perspectiva del duelo por la cultura, se ha de tener en cuenta también que, en el mundo de hoy, a la vez que existen diferencias culturales es obvio que todos participamos también de una nueva cultura global. Todos formamos parte de una única gran subestructura, de un único modo de producción en el sentido marxista —o de no producción, si tenemos en cuenta toda la gente que está en paro, muchos de ellos inmigrantes—, con una cultura que es la supraestructura de este modo de producción. A la vez, todos vivimos en un mundo global. Por ejemplo, es rara la patera en la que no llegue algún inmigrante ataviado con la camiseta del Barça o del Madrid. (En 2006, llegó incluso una patera en la que casi todos los inmigrantes llevaban camisetas del Barça, preparados para ser fichados por el club de futbol). Las eficientes campañas de promoción de la marca comercial Barcelona no sólo llegan a los turistas, sino también a los que están dispuestos a emigrar. En Senegal, se ha popularizado el eslogan: «Barça o Barzakh... ¡Barça o muerte!»

También hay diferencias culturales en la propia manera de expresar el duelo; hay diferencias incluso en los colores que utilizan para expresarlo: el luto es blanco en China y Japón, rojo en la Roma clásica, azul en Siria...

Desde la perspectiva de los valores, señalaremos cómo en las culturas tradicionales se enfatiza la importancia de los antepasados, planteamiento que coincide con los postulados de la psicogenealogía que considera sus figuras como elementos que poseen una gran importancia en la construcción de la personalidad. Ocupamos en la fantasía el lugar de un abuelo, un tío que han sido relevantes en la historia familiar, llevamos sus nombres...

Al hacer referencia a los valores, es muy importante señalar también los valores compartidos, no sólo aquellos valores, los menos, en los que podemos entrar en conflicto.

La práctica de la religión y las vivencias religiosas son otro elemento muy importante a tener en cuenta en la migración. No tenemos ninguna duda de que la religiosidad es un factor protector en la elaboración del duelo migratorio, ya que dota al sujeto de una explicación para sus dificultades y sufrimientos, posibilita la existencia de rituales compartidos para elaborar el duelo y favorece el desarrollo del capital social, de gran importancia para el éxito de la integración del inmigrante.

Desde la perspectiva de la religión, el duelo complicado o extremo surge cuando el inmigrante tienen dificultades para expresar su cultura, como en el caso de muchos inmigrantes musulmanes que se encuentran con grandes obstáculos para desarrollar sus prácticas religiosas, construir mezquitas, etcétera. Dado que todas las grandes religiones actuales poseen códigos morales parecidos basados en la compasión, la ayuda mutua, etcétera, no hay duda de que constituyen un valioso punto de encuentro entre las personas. Se atribuye a Napoleón la frase: «por cada cura que quito, he de poner 10 guardias».

Incluso desde un punto de vista meramente cívico, la religión aporta valores, es una red social. La doctora Adriana Kaplan explicaba que cuando les preguntaron a un grupo de subsaharianos que se encontraban acampados cerca de Melilla en condiciones espantosas si necesitaban algo pidieron Biblias, no mantas; dijeron que les ayudaban más.

La valoración del tiempo y del ocio también está muy relacionada con la cultura. En el modelo occidental, se presume de no tener tiempo para nada como señal de éxito social. (En Estados Unidos hasta hay una ciudad que se llama Rapid City). Como nos comentaba una mediadora africana, en África según cómo camina una persona se sabe si ha estado en Europa o no.

Por otra parte, la importancia de la tradición, del tiempo pasado, es más intensa en otras culturas. Es conocida la respuesta del presidente de China Zhou Enlai (un Estado con más de 5.000 años de historia) cuando, de visita oficial en Francia, fue preguntado acerca de qué opinaba sobre la Revolución francesa de 1789: «a los chinos no nos gusta hacer juicios prematuros sobre acontecimientos tan recientes». Otro ejemplo de la interpretación cultural del tiempo es la sentencia nativoamericana que dice: «El tiempo no se acaba, los que nos acabamos somos nosotros».

De todos modos, tal como hemos señalado, se ha de tener en cuenta que, como consecuencia de la globalización, el estrés aculturativo también se ha ido modificando. Quizás, hoy es más complejo porque, a la vez que se vive el cambio de cultura entre un país y otro, lo cierto es que todos formamos parte ya de la misma sociedad de consumo global. En terminología marxista, podríamos decir que todos formamos parte ya del mismo modo de producción y, por lo tanto, de la misma infraestructura y, en cierto modo, de la misma supraestructura cultural.

La tierra

La «tierra» abarcaría el paisaje, los colores, los olores, la luminosidad, la temperatura, la humedad... Aspectos todos ellos que poseen relevancia a nivel emocional y que afectan al sujeto, sobre todo cuando se emigra hacia lugares muy oscuros y fríos, ya que gracias a la antropología, hoy sabemos que los seres humanos provenimos de África, de climas cálidos. Los estudios de psicología de la felicidad señalan que analizando todas las variables interrelacionadas con ella, las personas que viven en climas cálidos son más felices.

El inmigrante ha de elaborar tanto el duelo por los aspectos con los que se había vinculado a la tierra que deja atrás como el estrés que supone la adaptación a la nueva tierra de acogida.

Como es sabido, desde la perspectiva psicoanalítica la tierra representa a los padres, a los antepasados, muy importantes en las culturas tradicionales. Para la mayoría de los inmigrantes, su tierra —sea un secarral o una verde pradera— «es la más bonita del mundo»; de este modo, expresan la profunda identificación de la tierra con las figuras parentales. Como relata Ulises en el «Canto IX» de la *Odisea*: «Ítaca es áspera, pero yo no puedo hallar cosa alguna que sea más dulce que mi patria y mis padres, aunque habitara en una opulenta casa, pero en un país extraño, apartado de ellos».

Pero la tierra es más que el mapa físico o el mapa político. La tierra no es algo abstracto, ideológico; es aquella fuente, aquel árbol, aquella plaza de la niñez, que han quedado profundamente grabados en el inconsciente.

> En relación a esta vivencia de la tierra, señalaremos la anécdota que refleja el agudo humor de una judía polaca que, tras la Segunda Guerra Mundial, se encontró con que su casa, que antes estaba en Polonia, tras los cambios de la guerra estaba en Rusia. Ante este hecho, decía: «Estoy encantada de vivir en Rusia, ¡estaba harta de aquellos horrorosos inviernos polacos!».

Baroja, en *Las inquietudes de Shanti Andía*, también expresa muy vivamente esta importancia de la tierra: «Muchas veces en mi camarote, navegando por el Atlántico o por el mar de las Indias, al pensar en Lúzaro sentía el recuerdo intenso de un monte, de una peña, de un hayal». Desde esta perspectiva, la tierra es la patria chica, no algo simbolizado y abstracto como la identidad.

Otro ejemplo de esta importancia de la valoración de lo local, de lo visual, de lo olfativo, frente a lo teorizado lo tendríamos en Dalí, que basándose en lo ultralocal —su territorio en el Norte de España— supo pasar al arte más universal.

El duelo por la tierra afecta sobre todo por la disminución de la luminosidad. Los humanos provenimos de África, hace poco más de 100.000 años que nos marchamos de allí —lo cual es muy poco desde el punto de vista evolutivo— y aún no nos hemos adaptado a climas fríos y oscuros, lejos de nuestra cálida cuna africana.

También la temperatura corporal se halla regulada en función de la adaptación al clima. Como provenimos del continente africano, se cree que la temperatura a la que están adaptados nuestros receptores de frío/calor es de

27,7°C, la temperatura media de la planicie africana durante los últimos millones de años. Por eso, decimos que hace buen tiempo cuando luce el sol y hace calor (a un oso polar seguramente le parecería que eso es mal tiempo).

Esto es así hasta tal punto que en Suecia y Noruega se instalan focos de luz muy intensa en los bares para estimular a los clientes «apagados» tras meses de oscuridad en el interminable invierno nórdico. Otra muestra de esta situación sería el regreso en masa de los inmigrantes españoles de los países nórdicos: tanto daba que ganaran mucho más o disfrutaran de un envidiable sistema de protección social. Juntados unos ahorros, el sol de España era más valioso que todo aquello junto. De hecho, actualmente apenas quedan inmigrantes españoles en Suecia y casi todos los que quedan están casados con suecas, eso sí, con segunda residencia en España.

También las depresiones estacionales pueden tener relación con el cambio de luminosidad. Además, el efecto antidepresivo del mar se ha relacionado con la gran luminosidad que refleja su enorme masa de agua. Ésta podría ser una de las razones por la que mar nos atrae tanto, por su efecto antidepresivo. Quizás por eso los inmigrantes que van a zonas de la costa normalmente valoran mucho esta presencia del mar y acuden con mucha frecuencia a las playas, a los muelles… La luminosidad posee una gran influencia sobre el estado de ánimo, ya que el nervio óptico se halla conectado con las áreas límbicas. También se ha relacionado la luminosidad con la precocidad de la menarquía, que llega a los 9 años en el África subsahariana, mientras que puede retrasarse hasta los 19 años entre las inuit, por la influencia de la luz sobre las hormonas sexuales.

Los inmigrantes que provienen del trópico, donde apenas se perciben las estaciones, notan los frecuentes cambios de temperatura que vivimos en Europa. De todos modos, se trata de cambios que pueden ser tolerados sin problemas, salvo en personas con una vulnerabilidad previa.

Desde la perspectiva de la luz y la temperatura, el duelo complicado tiene que ver con estas circunstancias de emigrar hacia lugares más oscuros y más fríos que afectarían sobre todo a personas con tendencias depresivas. Pero consideramos que habría que matizar que, de todos modos, a pesar de la pérdida de luz y el frío, en estas zonas suele haber nieve que, al igual que el mar, refleja de una manera intensísima la luz; siguiendo la misma lógica, tendría que tener también un efecto antidepresivo.

El tema de los olores también es muy importante, ya que está vinculado a aspectos biológicos relevantes en relación al rinencéfalo o cerebro primitivo, que recibe su propio nombre de las capacidades olfativas. El olor es la llave de la memoria, la vista no logra una evocación tan intensa. Hemos visto casos de inmigrantes que nos han explicado que, para tener sensaciones olorosas semejantes a las de su tierra, eran capaces de dar un gran rodeo en la ciudad a la que habían emigrado. Como es sabido, el olor se utiliza cada vez más en publicidad de marcas por la capacidad que posee de penetrar en el inconsciente del sujeto. Se ha señalado que el incienso utilizado en los rituales religiosos constituye un buen ejemplo de la identificación de una actividad con el mundo emocional.

De todos modos, como ya dijimos los *Homo sapiens sapiens* somos buenos emigrantes, el nomadismo ha sido la tónica en la historia de la humanidad. Hay pueblos como los gitanos que no tienen una tierra fija. Algunos estudios defienden que las sociedades nómadas son más igualitarias: no hay apenas propiedades, no hay acumulación de riquezas y hay menos desequilibrios.

Desde la perspectiva cultural, como señala Saspolsky, las civilizaciones de los desiertos tienden a ser monoteístas, mientras que las culturas de las selvas son politeístas.

Desde la perspectiva clínica, consideramos que, a través de las fantasías del sujeto sobre la tierra, podemos ver muchos aspectos de su situación mental. Cuando una persona no quiere estar en un lugar, tiende a magnificar los aspectos negativos de ese lugar y lo vive como asfixiante y agobiante. Desea «salir corriendo».

El estatus social

El estatus social abarca todo lo relacionado con los papeles, el trabajo, la vivienda, el acceso a las oportunidades, etcétera. En general, la migración busca una mejora del estatus social, pero esto no debe entenderse sólo desde la perspectiva económica, sino también en relación al acceso a bienes culturales, libertad, etcétera. Hay que tener en cuenta que hay sujetos que emigran también por motivos de tipo personal.

En general, al emigrar se pierde estatus social. Si en el plazo de unos años el inmigrante no comienza a mejorar, se desmoraliza y entra en crisis. Siente que tanto esfuerzo no ha servido para nada. Con frecuencia, el inmigrante invierte en la migración los mejores años de su vida, se endeuda, etcétera.

El inmigrante también debe elaborar el duelo por ciertos aspectos de estatus que deja atrás, ya que con frecuencia la casa en la que vivía en el país de origen era mejor, o se da el caso de maestros, licenciados, profesionales en el país de origen que se encuentran con que deben trabajar en el país de acogida como peones, cuidadores, etcétera, sintiéndose muy frustrados por su nueva situación, máxime cuando ven que no es posible salir de ella. Numerosos estudios han demostrado que los inmigrantes, que en sus países de origen trabajan en más de 40 profesiones, en el país de acogida apenas acceden a cuatro o cinco oficios, y de muy bajo nivel profesional.

> Recuerdo el caso de una ecuatoriana que me comentaba que ella se había adaptado a todo: un trabajo muy duro en una fábrica, vivir en malas condiciones, incluso a no poder ir apenas a ver a sus familiares. Pero había algo que no podía soportar y era pasar por delante de una escuela. Me decía: «Es que yo era maestra, ¿sabe?».

Desde la perspectiva del estatus social, surge una de las mayores fuentes de discriminación de los inmigrantes: la pobreza, la aporofobia, etcétera. Recordemos el dicho de que «un árabe es un moro con dinero». O, como escribía Cervantes, que «el pobre está siempre en tierra extranjera».

Un tema que afecta profundamente al proyecto migratorio es el de los accidentes laborales que dejan secuelas físicas y psíquicas que alteran profundamente su personalidad. Generan frecuentes tensiones y desadaptaciones sociales. Verse discapacitado, en ocasiones incluso inválido, para alguien que ha luchado duramente para llegar a un nuevo país, acceder a un puesto de trabajo, que ha vivido en condiciones muy duras, supone una frustración inmensa. Todo su proyecto migratorio queda invalidado. ¿Qué puede hacer en el nuevo país sin el recurso de sus manos? Recuerdo el caso de un albañil de origen marroquí que tenía un buen trabajo y estaba muy satisfecho con los resultados de su migración; a raíz de una caída en el trabajo le quedaron secuelas (vértigos, paresias) y desarrolló un brote psicótico de tipo paranoide.

En este sentido, podemos decir que incluso el duelo migratorio mejor abordado psicológicamente se hace mucho más recurrente y crónico cuando el contexto es muy desfavorable (ilegalidad, condiciones laborales de explotación, exclusión, racismo). El duelo extremo hoy se expresaría muy claramente en la figura del inmigrante indocumentado. El duelo extremo en relación al estatus es una de las bases del Síndrome de Ulises.

El contacto con el grupo de pertenencia

Las personas suelen identificarse con algún grupo de pertenencia y en la migración esa identificación se modifica al interactuar con otros grupos. El inmigrante ha de elaborar el duelo de la disminución o pérdida de contacto con su grupo de pertenencia y, a la vez, el estrés de contactar con un nuevo grupo de pertenencia.

Desde la antropología, se dice que todos los grupos humanos tienen ciertos prejuicios hacia otros grupos. Esta tendencia se explica muy bien desde la psicología evolucionista, que muestra cómo los humanos hemos vivido gran parte de nuestra historia evolutiva en grupos pequeños, clanes familiares, en constante competencia con otros grupos similares de humanos por unos recursos de supervivencia en general muy escasos. En esos momentos, la supervivencia fuera del grupo era imposible. Esta larga historia ha dejado en nosotros una gran necesidad de pertenencia a algún grupo y una tendencia a los prejuicios hacia los otros (de ahí que gusten tanto los chistes que caricaturizan a los pueblos vecinos, a los del otro lado del río). El problema surge cuando estas actitudes se traducen en conductas de xenofobia o racismo. La existencia del prejuicio ha sido intensamente estudiada desde la psicología social, que ha señalado que también cumple funciones de simplificación de los análisis de la vida social, ya que ésta posee una gran complejidad.

Desde el punto de vista de la integración y la asimilación, se ha puesto el foco en que la cultura autóctona que ahora se quiere conservar a ultranza también un día fue nueva y chocó con la anterior. De todos modos, desgraciadamente, al final para una buena parte de los inmigrantes «integración», «asimilación», «multiculturalismo» son bonitas palabras que esconden la misma exclusión social. Exclusión en la Francia de la asimilación y exclusión social en la Gran Bretaña o en la Holanda del multiculturalismo. El racismo y la discriminación encuentran muchísimas formas de expresase y actuar más allá de las bonitas palabras de los discursos académicos políticamente correctos.

Pero no sólo hay derecho a la diferencia, sino que, como ha señalado Manuel Delgado, también existe el derecho a la indiferencia, a elaborar la propia identidad con libertad, sin tener que dar explicaciones a nadie de tu identidad. Y no es lo mismo diferencia que desigualdad. «Derecho a la diferencia, pero no diferencia de derechos».

Los prejuicios están relacionados con las actitudes de desconfianza hacia otros grupos que hemos señalado. Hasta cierto punto, estos aspectos no presentan demasiados problemas. Así, es habitual que los franceses se rían de los españoles, o que los españoles se rían a su vez de los franceses. De todos modos, lo ideal sería que cada grupo pudiera reírse de sí mismo y compartir el humor de los vecinos. El problema surge cuando estas actitudes se traducen en conductas de xenofobia o el racismo. Desde la psicología social, sabemos bien que las diferencias interpersonales son mucho más importantes que las diferencias entre los grupos.

Los prejuicios son atajos cognitivos para llegar antes a poner en marcha estrategias de adaptación. Una expresión del prejuicio es el tópico, el sambenito. Así, cuando a Chesterton le preguntaron: «¿Qué opina usted de los franceses?», respondió: «Pues, no sé qué decirle, no los conozco a todos». Una muestra de que los prejuicios existen claramente es que el tópico sólo se tiene en cuenta cuando refuerza la convicción; si la contradice se pasa por alto.

Hay un viejo chiste que recoge muy gráficamente los tópicos europeos: «El cielo es un cocinero francés, un ingeniero alemán, un policía inglés y un amante italiano; todos ellos dirigidos por un suizo. El infierno es un cocinero inglés, un ingeniero francés, un policía alemán y un amante suizo, todos ellos dirigidos por un italiano». Otro chiste acerca de los tópicos señala que, si se pone un tema libre de redacción sobre los elefantes a personas de diferentes países, el resultado será que el francés escribirá sobre los elefantes y el amor, el inglés sobre la caza de los elefantes, el alemán sobre el concepto de «elefantidad», y el judío sobre los elefantes y la cuestión nacional judía. Por último, y también en esta línea, en unas recientes elecciones gallegas el periodista Quim Monzó contó las veces que se escribió en los medios de comunicación aquello de que «no se sabía si los gallegos subían o bajaban las escaleras». Casi nadie se pudo resistir a la fuerza del tópico.

Un nivel más elevado de prejuicios conduce a la xenofobia y al racismo, que hacen muy difícil al emigrante la elaboración del duelo en relación al grupo de pertenencia. La xenofobia y el racismo siguen constituyendo un enorme problema social, a pesar de que la tendencia a «lo políticamente correcto» camufle en gran parte su existencia. Como señalaba Jafo Kareen: «el racismo está en el sentido común de los blancos». Han sido siglos de colonialismo, de justificar que había gente a la que se podía tratar como inferiores porque no eran como los blancos. Es «La carga del hombre blanco» de Kipling, el tener que «civilizar» a los negros. No debemos olvidar que no hace ni 20 años había un hombre negro disecado en un museo en España, en Bañolas.

Una muestra de esta discriminación tan arraigada hacia los africanos es que, tal como señala el antropólogo Crespo, no se les denomina «sudsaharianos» —los que están al sur del Sáhara—, sino «subsaharianos» —es decir, los saharianos que están por debajo. A nadie se le ocurriría hablar de «subamérica» al referirse a Argentina. Pero de igual modo en que en España hay racismo, a los españoles se nos aplica la misma medicina en otros lugares. En 1996, en una conferencia pude escuchar cómo un profesor de Harward clasificaba las razas en blanca, negra y muy negra, ¡de modo que consideraba que al sur de París ya éramos todos negros! El racismo está muy arraigado en nuestra mentalidad. Recuerdo que en una charla una señora muy indignada decía: «Me crucé con una magrebí en una acera estrecha y ¡no se bajó de la acera, oiga!».

Los inmigrantes, sobre todo los niños, acaban incluso identificándose con ese racismo. Vimos un niño de origen magrebí que le decía a otro en la escuela: «¡cállate, moro de mierda! O casos de niños negros que llegaron a tirarse lejía en la piel para blanquearse, tal era la angustia por su color de piel. Se expresa no sólo en actitudes explícitas, sino que además no se les alquila vivienda, no les dan trabajo si llevan velo, etcétera.

Desde la perspectiva de la psicología, son muy interesantes los trabajos sobre el concepto de «personalidad autoritaria» desarrollados por Erick Fromm que vinculó a los racistas con el nazismo. La historia del colonialismo es obviamente la historia del racismo, tal como recogen los trabajos de Frantz Fanon (1973). Como nos señalaba un africano: «Los blancos habéis blanqueado la historia». Porque ¿cuándo nos han explicado que el mayor imperio que ha existido nunca fue el mongol?, un imperio que en el siglo XIII ocupaba casi toda Eurasia, casi todo el mundo conocido, y poseía un gran refinamiento.

El racismo siempre ha estado ahí; ya dice la Biblia: «No tratarás mal al extranjero ni le oprimirás porque vosotros también fuisteis extranjeros en tierras de Egipto» (Deuteronomio, 10, 14, 16, 19).

El duelo por los riesgos físicos

Hace referencia al riesgo que corre quien deja su medio y emigra enfrentándose a numerosos cambios ambientales, a menudo hostiles. La integridad física es una necesidad psicológica básica, como el apego.

El inmigrante se expone a sufrir accidentes laborales en trabajos peligrosos o accidentes domésticos por vivir hacinados (especialmente, en menores inmigrantes), ser expulsado (hay una brigada de expulsiones en la policía), sufrir malos tratos o abusos sexuales por su situación de indefensión, las complicaciones del propio viaje migratorio (un caso extremo serían las pateras) o contraer enfermedades (porque no se tienen defensas contra ellas o porque las condiciones higiénicas, la protección contra el frío y la nutrición no son las adecuadas).

Tal como ya hemos señalado al abordar el tema del estrés, los riesgos físicos afectan más que los psicológicos. Se considera que existe más peligro para la integridad del sujeto en ellos porque la capacidad de respuesta, de adaptación, es menor, más difícil.

El inmigrante debe elaborar a la vez el duelo de la pérdida de la seguridad física que tenía en el país de origen —aunque puede que en otras ocasiones se marche precisamente por los riesgos que vivía allí— y el estrés de los riesgos físicos nuevos con los que se encuentra en la migración.

Entre las situaciones que se relacionan con este duelo por los riesgos físicos habría que destacar:

- Los accidentes laborales por realizar trabajos peligrosos —denominados de «alto contacto», «sucios»— a los que ya hemos hecho referencia al abordar el duelo por el estatus social.

- Los accidentes domésticos. Se dan con mucha mayor frecuencia en menores inmigrantes que en los autóctonos, ya que están relacionados con vivir hacinados, que sus padres trabajen y tengan que dejarles solos, las malas instalaciones de las viviendas (riesgo de cortocircuitos), las calefacciones defectuosas, las intoxicaciones por plomo de cañerías defectuosas, etcétera.
- El riesgo de nuevas enfermedades. El inmigrante no está inmunizado ni contra ellas ni contra las alergias. Por ejemplo, en el caso de los latinoamericanos que vienen de climas tropicales en los que no hay estaciones, se producen enfermedades ligadas a los cambios de alimentación, ya que el inmigrante no puede seguir sus hábitos alimentarios y aquí tiene pocos recursos para alimentarse adecuadamente. Los cambios de hábitos alimentarios obviamente se dan en todas las migraciones: en América los nativos ironizaban sobre estas dificultades fisiológicas de adaptación de los emigrantes europeos; acuñaron el término «la venganza de Moctezuma» para referirse a los desarreglos intestinales que padecían.
- El miedo a ser expulsados es uno de los temores básicos en el Síndrome de Ulises —aunque haya emigrantes que utilicen el mecanismo de defensa de la negación para evitar padecer ese miedo—.
- La indefensión, el ser víctima de abusos, malos tratos, etcétera. Un caso típico sería el de la mujer que va a denunciar malos tratos y las autoridades aprovechan la situación para expulsarla. Recuerdo el caso de un joven paquistaní que, tras la dura jornada laboral de repartidor de bombonas de butano por los pisos de la parte vieja de Barcelona —muchos de ellos sin ascensor—, sufría abusos sexuales por parte de la dueña de la empresa.

 Estrategias físicas

 Higiene del sueño

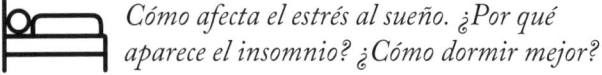
Cómo afecta el estrés al sueño. ¿Por qué aparece el insomnio? ¿Cómo dormir mejor?

El hábito de dormir a unas horas determinadas, habitualmente por la noche, no es algo que el recién nacido lleve consigo, sino que exige un aprendizaje que requiere su tiempo. Y si no que se lo pregunten a tantos padres que pasan las noches despertándose a la tantas de la madrugada hasta que el bebé aprende el hábito y duerme a las horas establecidas en nuestra vida social adaptada al ritmo circadiano.

Cuando se viven situaciones de estrés intenso en las que es difícil conciliar el sueño porque la mente no para de dar vueltas a los problemas que aquejan a la persona, al cabo de un tiempo, el sujeto pierde el hábito de dormir de noche, trabajosamente adquirido en los primeros meses de vida.

El insomnio es uno de los síntomas más frecuentes de las situaciones de estrés y de duelo, y es importante abordarlo porque si se cronifica puede acabar generando problemas relevantes: pérdida de concentración, riesgo de accidentes laborales y de tráfico, incremento de peso, etcétera.

Sabemos que el sueño tiene cinco fases, entre las cuales la del «sueño paradójico» —en la que se producen los sueños— se cree que es la más importante a nivel psicológico, ya que permite metabolizar muchos de los aspectos emocionales del día y de la situación de la persona.

Dormir es importante para el inmigrante, no sólo por el necesitado descanso, sino porque el sueño fija recuerdos, conocimientos, que son importantes para su adaptación.

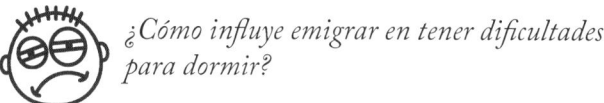 *¿Cómo influye emigrar en tener dificultades para dormir?*

La emigración supone para muchas personas en el mundo de hoy un gran cúmulo de problemas y sufrimientos que afectan a la estabilidad mental del inmigrante.

Las preocupaciones recurrentes e intrusivas dificultan el dormir. La noche es el momento más duro a nivel psicológico para el inmigrante: afloran los recuerdos, se percibe con toda su crueldad la soledad, el alejamiento de los seres queridos, la magnitud de los problemas a los que debe hacer frente. No hay estímulos externos que puedan distraer a la persona de sus preocupaciones, del recuerdo de los seres queridos lejanos. Además, se pone en marcha la ansiedad de anticipación que favorece que el inmigrante que comienza a tener problemas para dormir asocie el acostarse con una situación de tensión y, por lo tanto, que no se relaje lo suficiente como para poder conciliar el sueño. De ese modo, se va instaurando el insomnio, con lo que se crea un círculo vicioso, un condicionamiento.

> El dormir se asocia a una regresión psicológica. Muchos menores inmigrantes con graves problemas de conducta, agresivos y desafiantes, al ir a dormir por la noche se convierten en corderillos. Sale el niño que verdaderamente llevan dentro, el niño que busca una mamá que le proteja. Muchos cuidadores de centros de menores explican historias que pueden parecer increíbles, pero que son desde el punto de vista psicológico, plenamente comprensibles.

A nivel biológico, se podría explicar el insomnio desde la perspectiva de que el incremento de catecolominas y glucocorticoides a que da lugar el estrés crónico favorece el arousal, la excitación que impide la relajación necesaria para poder dormirse.

Además, con frecuencia el insomnio de los inmigrantes se agrava por las malas condiciones de las viviendas en las que habitan: ambientes húmedos, excesivamente calurosos en verano y fríos en invierno, ruidosos, mal ventilados, etcétera. Todo esto cuando no están simplemente en la calle, claro. Entonces, se ha de añadir el miedo a los robos, las agresiones... La noche en la calle es insegura. Por ejemplo, en 2002, en Almería, un grupo de inmigrantes que se guarecía en la estación de autobuses fue atacado por grupos xenófobos con el resultado de un muerto y varios heridos.

Consejos sencillos para dormir mejor

Veamos algunos aspectos de higiene del sueño que ayudan a dormir y que, obviamente, pueden utilizarse en intervenciones preventivas o complementarias a los tratamientos psicoterapéuticos y psicofarmacológicos (Teszner, 2005; Estivill, 200; Breus, 2007).

- Bebidas:
  - No tomar alcohol por la noche ya que, aunque puede inducir el sueño, luego el sujeto se despertará varias veces y al día siguiente se levantará más cansado.
  - Reducir o suprimir la cafeína desde el mediodía (la cafeína no sólo está en el café, sino en el té, el chocolate, ciertos refrescos, etcétera).
- Tabaco:
  - No fumar en la cama si no se puede conciliar el sueño, ya que después dificultará quedarse dormido.
- Alimentación:
  - Cenar al menos dos horas antes de ir a dormir.
  - No cenar mucho, pero tampoco ir a la cama con hambre.
  - En la cena, evitar tomar picantes, conservas, alimentos que provocan gases —como la coliflor y las judías—, carne, pescado y cítricos.

- Comer preferentemente hidratos de carbono (pasta, patata) y productos lácteos, así como almendras, nueces, avena, manzana y plátano. Los hidratos de carbono, tomados por la noche, favorecen el sueño a través de un complejo proceso bioquímico (el triptófano se transforma en serotonina y ésta en melatonina, la hormona del sueño).

▶ Ejercicio:
  - No hacer ejercicio intenso pocas horas antes de ir a dormir, ya que la actividad aeróbica incrementa la temperatura corporal y para dormir es necesario que ésta disminuya. Además, el organismo interpreta que se está tan activo, no es momento de relajarse y dormir.

▶ Hábitos saludables:
  - Acostarse y levantarse siempre a la misma hora, aunque se haya dormido mal.
  - No echarse la siesta.
  - Tener una cierta rutina de actividades relajantes, monótonas, tranquilas antes de ir a la cama a dormir; por ejemplo, leer un libro u oír música. Así, el dormir formará parte de la costumbre. Al ir a la cama, dejar estas actividades, de modo que se asocie la cama al dormir.

▶ Horario:
  - Si es posible, respetar el ritmo día-noche, y dormir de noche.

▶ Actitudes:
  - Sin relajación no hay sueño. Empeñarse en dormir es entrar en un estado de alerta que impide la relajación (al igual que ocurre con la impotencia psicógena, por ejemplo).
  - Poner el reloj despertador de cara a la pared para no ir mirando las horas, ya que incrementa la ansiedad.

▶ Ambiente:
  - Procurar que la temperatura de la habitación esté entre los 18 y los 22°C.
  - Obviamente, evitar en la medida de lo posible los ruidos, los malos olores, y cualquier otro factor ambiental que pudiera resultar desagradable.

▶ Relajación:
  - Bloquear el movimiento ocular poniendo los ojos en los lados, en la línea del tratamiento tipo EMDR también hemos visto que sirve de ayuda.

- Actitud psicológica:
  - No asustarse de los sueños que expresan tensión. Al contrario, pueden ser buenos. A través de los sueños, se expresan muchas emociones y se ayuda a metabolizarlas. No creas que porque has soñado mucho no has descansado. Al contrario, has hecho un buen trabajo mental. En un banco de datos de sueño se vio que en la mayoría de personas predominan los sueños de situaciones de tensión.

Técnica desarrollada en el SAPPIR

- Concentrar en los párpados toda la atención, notar cómo nos pesan, cómo se relajan. Esta técnica es muy eficaz porque por esta zona de los párpados, discurre el nervio vago, un importante nervio (el décimo par craneal) que tiene una función relevante de relajación sobre el corazón y otros órganos.
- También es importante relajar ciertas zonas que tienen una gran relevancia en el cerebro, y que están sobrerrepresentadas en él. Estas áreas son la boca, las manos, la nariz, las mejillas (el denominado homúnculo de Penfield).

Relajación y respiración

Cómo afecta el estrés que vive el inmigrante a su capacidad de relajación

En las situaciones de estrés crónico, es frecuente que aparezcan molestias musculares que, en algunos casos, pueden llegar a ser contracturas (los músculos quedan permanentemente contraídos dando lugar a dolor y problemas de funcionalidad).

La explicación evolucionista de este fenómeno sería que el organismo, al vivir una situación que percibe como peligrosa, se prepara para la acción activando el sistema muscular. Si esto ocurre de modo poco frecuente, no tiene mucha importancia, pero, cuando ocurre a menudo, genera las citadas contracturas.

Vinculada a la relajación, está la respiración. El estrés tensa la musculatura lisa del tracto respiratorio y esto dificulta respirar adecuadamente. Aunque, la respiración es una actividad que implica a todo el cuerpo, no solamente al denominado aparato respiratorio.

Consejos sencillos para poder relajarse

Estos consejos son otro instrumento de gran utilidad para disminuir las respuestas desadaptadas del sujeto ante las situaciones estresantes, que se viven en la migración. Entre las más conocidas señalaremos (Fisher y Tarquinio, 1996):

- La técnica de relajación progresiva de Jakobson (1980). Consiste en una serie de ejercicios basados en el aprendizaje de la regulación del tono muscular a través de la alternancia tensión-distensión. Esta técnica permite a la persona hacerse consciente del grado de tensión de los diferentes grupos musculares del cuerpo, de modo que, cuando percibe tensión, se relaja. Trabaja sobre 16 grupos musculares. Es esencial contraer bien los músculos antes de relajarlos completamente.

    El orden de la relajación sería: mano derecha, antebrazo derecho, brazo derecho, brazo izquierdo, pierna derecha, pierna izquierda, tronco (vientre, tórax y espalda), cuello, frente, cejas, párpados, ojos, mejillas, mandíbulas y labios.

    Cada ejercicio supone, en primer lugar, focalizar la atención sobre el grupo muscular, a continuación contraerlo, concentrar la sensación de tensión sobre él, relajar el grupo muscular y, finalmente, concentrarse en las sensaciones agradables de relajación.

- El entrenamiento autógeno de Schultz (1979). Se basa en la concentración mental estimulada por la autosugestión. Este autor parte de la base de que, en estados de hipnosis, el sujeto es capaz de percibir las sensaciones de pesadez y calor que se asocian, respectivamente, a la distensión muscular y a la dilatación vascular.

El sujeto concentra su atención en una parte del cuerpo (la mano, el pie, etcétera) y, a través del refuerzo autosugestivo de las sensaciones de pesadez, entra en un estado de tipo hipnoide, que se denomina autógeno, que le permite estructurar un estado de desconexión general. Es una especie de autohipnosis fraccionada en la que el sujeto observa intensamente sus propias funciones fisiológicas y se identifica con ellas, de modo que la realidad se aleja.

Esta técnica se realiza con los ojos cerrados, permitiendo que desfilen por la mente las imágenes libremente, sin quedar fijado en ninguna de ellas. Entonces, el sujeto va repitiendo «me siento totalmente en calma» y pone toda su atención en sus sensaciones corporales. El ejercicio, que dura entre 10 y 15 minutos, finaliza con una enérgica flexión del brazo que busca finalizar el estado hipnoide y reactivar el tono muscular.

Los ejercicios se agrupan en dos ciclos. El ciclo inferior comienza con la inducción de pesadez en un brazo y posteriormente en el cuerpo entero; a continuación, se induce calor en un brazo y después en el cuerpo entero; prosigue con la relajación del latido cardíaco, la relajación de la respiración, la inducción de calor extra- e intraabdominal, y se finaliza con la inducción de la sensación de frescor en la frente. El ciclo superior se basa en la puesta en marcha de producciones imaginarias como sueños y visiones.

- La respiración. Dado que la respiración es un elemento importante para la relajación, se propone realizarla de la siguiente manera: hacer una inspiración intensa, mantener el aire y luego espirar muy lentamente mientras que la imaginación visualiza cómo se relajan todos los músculos implicados.

También es importante hacer referencia a las técnicas orientales, denominadas *pranayama*, que plantean la respiración completa que incluye la respiración abdominal o diafragmática, la costal o mediana, y la clavicular o superior. Estas técnicas van mucho más allá de la respiración estándar occidental. Se considera que se debe comenzar por la respiración abdominal, seguir por el costal y terminar con la clavicular.

La respiración abdominal consiste en bajar el diafragma, un músculo que separa el tórax del vientre. Es muy útil como técnica de relajación, ya que al estar ansiosos respiramos más rápido e hiperventilamos, lo que se asocia a molestias físicas como taquicardia, mareos, etcétera. La respiración abdominal es más completa y favorece la relajación.

- Pensamientos recurrentes. Es uno de los síntomas que más hace sufrir a los inmigrantes.

  Estas preocupaciones están relacionadas con sus problemas, que son numerosos y difíciles, a los que está asociado un enorme cúmulo de sentimientos contrapuestos que cuesta integrar. Se requiere una gran capacidad de *insight* para entender tantas emociones, y más aún en soledad. El inmigrante debe tomar muchas decisiones trascendentales, a veces en muy poco tiempo y con escasos medios de análisis, lo cual conlleva una enorme tensión. Como decía muy gráficamente un paciente: «Es como si tuviera la centrifugadora dentro de la cabeza, trabajando todo el día».

  Obviamente, estas preocupaciones recurrentes favorecen la aparición del insomnio, ya que para conciliar el sueño es básico lograr un estado de relajación.

  De todos modos, estas preocupaciones resultan claramente proporcionales a la magnitud de los problemas que padecen estas personas. No deben confundirse con las ideaciones de tipo obsesivo en las que el paciente se ve invadido por pensamientos absurdos no deseados que intenta infructuosamente rechazar o con los recuerdos traumáticos que desestructuran y bloquean la mente del paciente con trastorno por estrés postraumático.

  Se ha de tener en cuenta que no es lo mismo pensar, razonar, que darles vueltas a las cosas. Los pensamientos recurrentes son un mecanismo no efectivo, desordenado, que no ayuda al sujeto a resolver sus problemas. Más bien al contrario, le agota y le quita energías.

  Tal como hemos señalado, mover los ojos hacia los lados contribuye a bloquear el pensamiento.

- Las cefaleas. Son uno de los síntomas más frecuentes en los inmigrantes para cuyo tratamiento también es útil la relajación.

  Son una expresión de la tensión reprimida que vive el inmigrante.

  Este tipo de manifestación clínica es tan frecuente en los inmigrantes que hemos propuesto llamarlas «inmigrañas» —migraña del inmigrante—. Curiosamente, las dos palabras —«migración» y «migraña»— comparten la misma raíz —«migra»—.

  La cefalea es uno de los síntomas más característicos del Síndrome de Ulises, ya que se da en una proporción claramente superior a la de los autóctonos. En un estudio, mostrábamos que el

76,7% de los pacientes con síndrome padecían cefaleas (Achotegui, Lahoz, Marxen, Espeso, 2005). En jóvenes autóctonos de esa edad, el porcentaje no llega al 10%. No es necesario tener grandes conocimientos de estadística para ver que esta diferencia es plenamente significativa.

Las cefaleas que se ven en los inmigrantes están asociadas a la intensidad de las preocupaciones recurrentes en las que se halla sumido. Las molestias con frecuencia se concentran en la zona frontal y en las sienes.

Desde una perspectiva psicoanalítica, estarían vinculadas a la agresividad reprimida (Benedeti, 1989), tan frecuente en el inmigrante dadas las grandes frustraciones que padece. Así, cuando se les pregunta cómo es el dolor de cabeza, los inmigrantes nos dicen: «es como si tuviera una bomba en la cabeza a punto de explotar», «es como si me estuvieran taladrando el cerebro».

- El llanto. Tiene un efecto relajante. En estas situaciones límite, lloran tanto los varones como las mujeres, a pesar de que los varones han sido educados en casi todas las civilizaciones para su control. Como excepción, es sabido que en la tradición islámica el llanto no está bien visto ni en hombres ni en mujeres y que el dolor se suele expresar preferentemente en forma de gemidos. La interpretación de este hecho es que, en una situación límite, incluso las barreras de tipo cultural quedarían en segundo lugar. Una expresión de la dificultad de los hombres de estas culturas para aceptar el llanto sería que hemos oído a veces que se refieren a llorar eufemísticamente diciendo que «les sale agua por los ojos», o que «lloran por dentro».

Sabemos que el llanto da lugar a una secreción de adrenalina y de noradrenalina, neurotransmisores asociados a la lucha, a la acción. Desde la antropología, se considera que, por esta razón, en la mayoría de las culturas se educa a los hombres en la idea de que el llanto es impropio de su condición, porque se busca que el hombre mantenga un alto nivel de acción y de lucha. Desde la fisiología, como señala Lutz (2001), se considera el llanto como una excreción similar a la micción que proporciona placer físico; además, al llorar desviamos la atención hacia nuestras sensaciones corporales. Por su parte, Darwin consideraba que la función del llanto es enfriar los ojos sobrecalentados por la emoción e hinchados de sangre. Desde la perspectiva evolucionista, se considera que el llanto es también un mensaje de petición de ayuda y una señal de que no se va a atacar, de que el sujeto no será agresivo —porque se excreta adrenalina al exterior, como hemos señalado anteriormente—.

Es bien conocido que el llorar relaja y la gente se queda mejor. Recuerdo el caso de una señora que un día lo expresaba muy gráficamente: «Doctor, no me diga estas cosas que se me quitan las ganas de llorar».

En el marco de las situaciones extremas de los inmigrantes que conforman este Síndrome de Ulises, una mujer explicaba que lloraba en sueños, que se despertaba llorando; soñaba que estaba en una playa con sus hijas pequeñas que residen en América y de las que hace años que estaba separada.

Es importante señalar que el llanto no tiene por qué ir ligado a la enfermedad depresiva. Tal como señalan Wingerhoest *et al.* (2007) en una amplia revisión del tema, no existe relación directa entre el llanto y la enfermedad depresiva. Más bien al contrario, es frecuente que el depresivo exprese que no puede llorar. Lutz (2001) señala que el llanto es una conducta dirigida a un fin y que el depresivo ya no tiene objetivos, por eso no llora; ha renunciado a toda esperanza de que sus deseos se cumplan. Los niños abandonados, al cabo de un tiempo, no lloran. ¿Para qué?

Desde el punto de vista diagnóstico, se ha de tener un cuenta que el llanto es un signo, es decir, algo observable; esto lo diferencia de otros sentimientos como la tristeza o la ansiedad, que son síntomas, es decir, malestares subjetivos, mucho más difícilmente valorables.

Se considera que llorar es un rasgo exclusivamente humano. Tal como señala Lutz (2001), no se ha comprobado el llanto en otras especies, aunque hay un debate abierto sobre si los elefantes pueden hacerlo en alguna ocasión.

 Ejercicio físico para el control del estrés

 *La importancia del ejercicio físico*

El ejercicio físico es un factor que tiene mucha importancia en la regulación del estrés. A través del movimiento muscular, se regulan numerosas actividades del organismo.

Está considerado como un elemento muy importante desde el punto de vista de la prevención por los siguientes motivos (Ogden, 2008; Reeve, 2002):

- Favorece la salud física del sujeto. Se relaciona con la longevidad y la mejora de la hipertensión, la obesidad, la diabetes, la osteoporosis, las enfermedades coronarias, etcétera. Se considera que el ejercicio físico produce placer por un mecanismo de refuerzo que proviene de la evolución, ya que hacer ejercicio mejora la preparación ante situaciones de peligro, lo cual incrementa las posibilidades de supervivencia.
- Favorece la salud mental. Hay una correlación negativa entre cantidad de ejercicio físico que realiza un sujeto y su nivel de depresión. El ejercicio físico favorece la respuesta al estrés —modifica la percepción de la situación estresante— y disminuye la ansiedad.
- Incrementa la sensación de control del sujeto, muy importante en la salud mental. El ejercicio físico es una situación en la que el sujeto se estresa voluntariamente y se relaja también de modo voluntario, controlando la situación; esto no ocurre con frecuencia en la vida de las personas que padecen circunstancias adversas y de exclusión social; normalmente, se sienten como juguetes rotos llevados de aquí para allá por las olas.
- Incrementa la producción de endorfinas, los opiáceos naturales del cerebro.
- También incrementa el nivel de noradrenalina en el cerebro.

Está demostrado que sólo el hecho de caminar a buen paso media hora o una hora al día posee efectos muy positivos para la salud del sujeto.

Algunos consejos en relación al ejercicio físico

- Cualquier ejercicio puede ir bien, pero si se hace en grupo aún es mejor porque refuerza los vínculos y las relaciones sociales. El ejercicio en grupo estaría especialmente indicado para personas tímidas o con pocas redes sociales.
- Se debe realizar el ejercicio físico sin demasiadas reglas, ya que el inmigrante vive muchos momentos de tensión, de ausencia de control sobre lo que le rodea. Que el deporte sea un espacio que él controla, en el que puede decidir cuándo comienza, cuándo se para, cuándo termina. Es un momento en el que nadie decide por él. En esta línea, recuerdo una anécdota que me comentaba un compañero que hacía el servicio militar y que explicaba que le gustaba ir por la calle y de repente pararse, darse la vuelta, etcétera, cuando a él le daba la gana. ¡Algo que no podía hacer habitualmente!

B. NIVEL GRUPAL

 Estrategias mentales y emocionales

 Grupos de contención y autoayuda emocional

El grupo de contención y autoayuda emocional es un espacio que permite compartir las vivencias de la migración con otras personas. Eso ayuda a ver que lo que viven otras personas no es tan diferente a lo que vive uno mismo.

Pero es fundamental que el grupo esté dirigido por un profesional experimentado, porque si no el grupo puede derivar hacia posturas paranoides, escaparse de la realidad, racionalizar excesivamente... dependiendo de la personalidad de los líderes naturales del grupo.

Los grupos humanos, tal como ha estudiado ya desde Freud la psicología, tienen funcionamientos muy complejos que difieren en buena parte de los funcionamientos individuales, más previsibles y racionales en general.

Las dinámicas grupales permiten expresar muchas vivencias muy profundas que sino quedarían tapadas. Pero, precisamente porque son vivencias profundas, son complejas de manejar y es importante que sean orientadas y dirigidas por personas experimentadas. Si no, el grupo puede acabar como el rosario de la aurora.

 Técnicas de *role playing*

Permiten que la persona exprese sus vivencias y emociones, interpretando diferentes roles que son relevantes en su contexto. Por ejemplo, simular una entrevista con un funcionario de migración haciendo el papel de inmigrante y de funcionario alternativamente. Esto permite ver la realidad desde perspectivas diferentes.

El *role playing* es una técnica grupal en la que el aspecto terapéutico del juego es muy relevante, ya que éste no sólo está indicado en la ayuda psicológica a los niños, sino que a través del *role playing* se puede extender también al trabajo con los adultos, en este caso, inmigrantes.

Pero, al igual que hemos señalado en el apartado anterior referente a los grupos de autoayuda, es fundamental que el *role playing* esté dirigido por un profesional experimentado porque si no el grupo puede derivar hacia posturas paranoides, o maníacas, en función de las defensas que se movilicen, dependiendo de la personalidad de los líderes naturales del grupo.

El *role playing* puede ser de gran utilidad también para desarrollar las habilidades sociales, ya que permite dramatizar todo tipo de situaciones en las que se puede encontrar un inmigrante en su vida relacional.

El *role playing* es una técnica más bien complementaria, menos utilizada habitualmente.

Estrategias psicosociales

Participación en grupos de autogestión y autoorganización

En las situaciones de estrés crónico y múltiple, en las que las capacidades de la persona para salir adelante quedan muy limitadas, el apoyo del grupo se convierte en algo fundamental. Sobretodo si hay autogestión y autoorganización.

La naturaleza del ser humano es fuertemente social; nuestra especie es capaz de suplir las limitaciones personales con la ayuda del grupo. Es más, estamos diseñados evolutivamente para buscar el funcionamiento grupal. Como ha escrito recientemente Edward Wilson (2012), uno de los más relevantes biólogos evolucionistas, nuestro gran éxito como especie se debe a dos preadaptaciones muy importantes que hemos hecho en nuestra historia evolutiva: vivir en tierra firme y ser muy grupales. Sin esas dos preadaptaciones no hubiéramos podido dar el gran salto hacia el desarrollo de la ciencia, la cultura que hemos hecho los *Homo sapiens sapiens*.

Por esta razón, es fundamental que el inmigrante se una a otras personas y se implique en buscar soluciones a los graves problemas que con frecuencia padecen.

Se ha de tener en cuenta que, con frecuencia, las instituciones —públicas u ONG— tienen una actitud demasiado dirigista, incluso paternalista, lo que no favorece que los inmigrantes se autorganicen y decidan por ellos mismos, incluso en áreas menores. Considero que esta actitud no es adecuada, a pesar de las incomodidades que puede suponer para las entidades de ayuda. El poder controlar y dirigir sus propios asuntos es muy importante para el bienestar y el incremento de la autoestima de los inmigrantes.

 Participación en actividades y grupos sociales

En este apartado, vamos a destacar algunas de las ventajas más importantes que supone estar en grupo para un inmigrante, pero teniendo en cuenta también que puede acarrear ciertos problemas.

 *Ventajas y limitaciones de estar en un grupo*

***1.* Ventajas del grupo**

- El grupo es una fuente de información poderosa sobre el acceso a distintos recursos y de oportunidades (laborales, afectivas, etcétera).

Por ejemplo, en España, en las importantes regularizaciones de inmigrantes que llevó a cabo el gobierno de Zapatero el año 2005, la comunidad pakistaní que actuaba muy unida y muy bien organizada se llevó la palma consiguiendo que la mayoría obtuvieran los papeles. Otras comunidades menos unidas, que compartieron menos información, obtuvieron peores resultados. Por eso se suele decir que los contactos son tan o más importantes que los conocimientos.

- El grupo también es muy útil como instrumento de información para protegerse de peligros, dificultades, etcétera.
- Pertenecer a un grupo hace disminuir los sentimientos depresivos. La persona aislada sucumbe mucho más fácilmente a la duda y la preocupación; sin embargo, el contacto y la comunicación estimulan.
- El grupo, al unir las fuerzas, no las suma, sino que las multiplica, las potencia. Hay situaciones y problemas que una persona sola no puede resolver, porque le excede en su dimensión, que a nivel grupal pueden solucionarse. Podemos pensar en la situación de tener que mover un armario pesado; ya puede estar una persona empujando toda su vida para moverlo que hasta que no se llega al umbral de fuerza necesario para hacerlo no se desplazará. Si se juntan varias personas para empujar, es mucho más fácil alcanzar ese umbral y lograr que el armario se mueva.
- Las personas que no están solas tienen mejor salud física y mental. Estar solo se relaciona con comer peor, cuidar menos de la salud, de la higiene corporal, etcétera.
- La soledad es percibida inconscientemente como una situación de peligro, de desprotección, porque somos muy sociales y, salvo para algunas personas —porque

obviamente hay una gran psicodiversidad— la soledad es percibida como algo negativo, a evitar.

2. Problemas ligados a los grupos

Pero, tal como hemos indicado, los grupos también tienen sus límites. El grupo, cuando no se gestiona bien la pertenencia a él, también puede dar lugar a problemas.

El grupo puede equivocarse y tenemos muchos datos que demuestran que no es fácil discrepar del grupo (véase el apartado del razonamiento).

Hay un famoso experimento (Asch, 1951) en el que se muestra a un grupo de personas una hoja en la que hay dibujadas unas líneas, unas más cortas que otras. Se pide a un grupo de seis personas que valoren el tamaño de las líneas. Si cinco personas de seis dicen que todas las líneas son iguales, siendo erróneo, la sexta persona dirá que está de acuerdo y que las líneas son iguales. Acabado el experimento, se le explica que los cinco participantes anteriores son en realidad parte de la investigación, están conchabados con el experimentador para decir que las líneas son iguales, aunque no lo sean. La sexta persona, al preguntarle por qué ha dicho que las líneas eran iguales cuando pensaba que eran diferentes, responde que porque le daba miedo dar una respuesta diferente a la del grupo.

Así pues, el grupo puede favorecer actitudes regresivas e infantiles. En el caso de los inmigrantes, el número y la amplitud de los cambios a los que se halla sometido favorece que, al sentirse abrumado e inseguro, adopte más este tipo de actitudes.

Ahondando en el tema de los aspectos negativos de los grupos, es importante hablar de la sobrevaloración de los líderes. Este fenómeno afecta más a los jóvenes y las personas mayores, ya que tienen menos recursos, menos capacidad de autonomía y tienden a sentirse más inseguros.

Como señala M. Klein (1957), cuando el líder es generoso, sano, despierta en las personas la esperanza de que predomine la justicia y el apoyo mutuo. La psicología social y la psicología evolucionista señalan que, cuando hay una situación de peligro, los seres humanos tendemos a actuar de modo regresivo, a empequeñecernos. Existe una propensión a la jerarquización, «nos militarizamos», aparece la búsqueda de un jefe, de un líder, «un caudillo»; funcionamos como un hormiguero. Pero cuidado porque los líderes no siempre son capaces, honestos y pueden utilizar los conflictos en su propio beneficio. Y puede ocurrir como en el flautista de Hamelín. No es extraño que en estos contextos surjan líderes religiosos, sectas, que actúan de modo mafioso. Por ello hay que tener cuidado con los líderes incompetentes o perversos. De ahí la importancia de que las personas tomen sus propias decisiones sin ser manipuladas. Aunque también en los grupos más comunitaristas se tiende a cierto grado de jerarquización, sin duda porque, cuando las circunstancias son difíciles, aparece este tipo de funcionamiento.

Como defiende la teoría de la resolución de conflictos, la mayoría de las guerras y situaciones de violencia social provienen de líderes inadecuados. Como señala Orwell en *1984*, si se tiene a la gente permanentemente asustada se la domina mucho mejor. Desde la psicología evolucionista se plantea que la gente es más bien crédula y tiende de modo natural a buscar soluciones a los problemas de modo cooperativo (por ejemplo, nos alteramos fisiológicamente cuando decimos mentiras, no cuando decimos la verdad, que es lo esperable para el buen funcionamiento del grupo).

 *Tipos de grupos de apoyo a los inmigrantes según sus características*

1. Religiosos

La pertenencia a grupos religiosos es un factor de apoyo emocional y social importante para un inmigrante porque son grupos en los que la ayuda y el apoyo mutuo son considerados valores esenciales. La propia palabra «religión» proviene del latín *religare* (unir).

Las vivencias espirituales constituyen una parte muy relevante de las experiencias personales y son de gran ayuda emocional para los inmigrantes en los momentos de dificultad y soledad. Cuando preguntamos qué les ha dado fuerza en los momentos más duros de la migración, el apego relacionado con los vínculos familiares y los aspectos espirituales aparecen como los más relevantes.

Por supuesto, también a nivel social, la vinculación a grupos religiosos puede ser muy importante.

> Recuerdo el caso de una mujer polaca divorciada que acudió al SAPPIR en una situación desesperada porque llevaba unos meses en Barcelona con una hija pequeña, sin trabajo, sin recursos. Había huido de un marido alcohólico que la maltrataba. Estaba triste, angustiada. Como me dijo que era una mujer muy religiosa, le facilité el contacto con la parroquia de su barrio. Al cabo de unos meses, me vino a ver. La vi transformada. Estaba muy animada porque en la parroquia se sentía muy realizada: había puesto en marcha actividades y se sentía muy reconocida por el grupo. Había encontrado trabajo y vivienda, y sentía que ahora, por fin, podía empezar una nueva etapa de su vida.

De todos modos, en relación a los grupos religiosos debe mencionarse el tema de las sectas. Estos grupos saben aprovechar la soledad y la vulnerabilidad de los inmigrantes para captarlos, lo que tiene consecuencias muy negativas para estas personas. Pueden acabar estafadas o, lo que es peor, tremendamente desengañadas acerca de las relaciones con las otras personas.

2. Culturales y artísticos

Las afinidades culturales de las personas constituyen también un valioso punto de apoyo para encontrar ayuda en la migración.

Por ejemplo, he conocido inmigrantes con inquietudes artísticas por la pintura que, al contactar con grupos de personas con las mismas aficiones, han podido encontrar «almas gemelas» con las que comunicarse y compartir.

3. Políticos

Estos grupos son adecuados para personas que expresan inquietudes políticas; además, en muchos casos, se trata de refugiados que ya habían tenido un compromiso importante en sus países de origen.

La historia nos muestra innumerables ejemplos de líderes políticos (Victor Hugo, Bolívar, Marx) que vivieron muchos años de su vida exiliados lejos de sus países de origen, sufriendo incontables penalidades. Estas personas salían adelante con la ayuda desinteresada y amistosa de los compañeros de ideología de los países en los que se habían exiliado.

4. Deportivos

Los grupos deportivos, aunque quizás no tengan el *glamour* de los grupos artísticos o políticos, son otra vía tanto o más importante, porque permiten compartir a un nivel muy básico, muy primario —en el sentido positivo del término—, y crean fuertes vínculos de pertenencia.

Muchas veces, la primera identificación del inmigrante con el nuevo país se estructura en torno a un club de fútbol, de baloncesto. Esta identificación es más fácil que la que tiene que ver con símbolos más abstractos de tipo nacional, cultural, etcétera. Pocas situaciones pueden impulsar más la integración de un inmigrante que oír cómo corea su nombre el estadio cuando lucha junto a sus compañeros vistiendo la camiseta del equipo local.

Tipos de grupos de apoyo según la procedencia

1. Grupos con personas del propio grupo

Es natural que el inmigrante participe en grupos con personas de la misma procedencia. Se ha comprobado que los inmigrantes que se relacionan más con personas de su propio grupo tienen mejor estado de ánimo, se encuentran más tranquilos. Sin embargo, dado que se relacionan poco con los autóctonos, su grado de integración y la mejora de su estatus social son menores.

En estos grupos existe obviamente el riesgo de que el inmigrante se aísle, incluso de que pueda caer en la «guetización».

Desde esta perspectiva, los poderes públicos, que tienen muchos medios para condicionar las actividades sociales, deberían evitar apoyar el aislamiento de estos grupos subvencionando y potenciando las actividades mixtas con los autóctonos, eso sí, no tratando de relegar la expresión de los aspectos culturales o religiosos de los inmigrantes.

2. La importancia de las asociaciones mixtas autóctono-inmigrante

El contacto con los grupos de autóctonos es fundamental para avanzar en el proceso de integración en el nuevo país.

Lamentablemente, la integración choca con frecuencia con los muros de la xenofobia y el racismo, que dificultan —cuando no impiden directamente— que el inmigrante se incardine a la sociedad de acogida.

Tal como hemos señalado, las personas que intentan integrarse en la sociedad de acogida viven más tensiones que los inmigrantes que se relacionan sobre todo dentro de sus propios grupos de pertenencia de emigrantes. Pero el no entrar en contacto con la sociedad de acogida no ayuda a mejorar socialmente, su integración lógicamente es menor.

Las asociaciones que intentan combinar la presencia de inmigrantes y autóctonos constituyen, sin duda, uno de los mejores modelos de relación y favorecen la calidad de vida de los inmigrantes.

Estas asociaciones recogen la realidad de una sociedad intercultural, plural, pero trabajan para que evolucione de modo conjunto. Ese viaje en común es la clave para construir una nueva sociedad creada por todos y en la que todos se sientan parte del proyecto.

Debemos insistir en que estas asociaciones que mezclan, en el mejor sentido de la palabra, las diferentes comunidades deben ser muy apoyadas por los poderes públicos.

 Estrategias sociales

 Apoyo legal

Hay que destacar la importancia de que los inmigrantes defiendan sus derechos no sólo a nivel práctico, sino también a nivel emocional. Por ejemplo, según la psicopatología, para una persona que ha tenido un accidente que le ha dejado secuelas no sólo es importante que reciba un tratamiento para sus afecciones; tanto o más importante es que sea compensado justamente por los responsables de las mismas.

En este sentido, las ONG y las asociaciones de tipo jurídico que ayudan a los inmigrantes son fundamentales.

Según nuestros datos, tras la regularización de 2005 de Zapatero en España, numerosos inmigrantes que padecían el Síndrome de Ulises superaron este cuadro de estrés. Ya no tenían que ir por la calle mirando hacia atrás, podían volver a vivir en familia. Todo esto fue posible por una intensa campaña social en defensa de los derechos de los inmigrantes.

Es muy importante que se le reconozcan sus derechos como personas al inmigrante, que no sea invisible, que no sea un «nadie». Como dice la *Odisea*: «Me preguntas, cíclope, cómo me llamo... Voy a decírtelo. Mi nombre es nadie, y nadie me llaman todos...» (Odisea, Canto IX, 360). Si alguien es nadie, no puede tener ni autoestima, ni identidad... y por lo tanto no puede tener salud mental.

Ante la situación de rechazo a los derechos de los inmigrantes, es obvio que la migración, como todos los temas complejos de la vida social, requiere acuerdos entre todas las partes y regulaciones. La migración no tiene porqué ser una excepción. Pero lo que no es aceptable es que vayamos hacia la práctica supresión de este derecho humano fundamental para la mayoría de la población.

 Búsqueda de apoyo social y recursos

No se trata sólo de cubrir las necesidades de los inmigrantes a nivel legal; obviamente, también es fundamental cubrir sus necesidades básicas de alimentación, vivienda, acceso al trabajo... la salud mental.

Conocemos muy bien la correlación entre pobreza, exclusión social y salud mental, por lo que es muy importante que la integración social del inmigrante le permita llevar una vida digna como ciudadano.

▼ Grupos de defensa de los derechos de los inmigrantes

La lucha por modificar las circunstancias injustas causantes de los problemas de los inmigrantes es esencial. No se trata sólo de que se adapte la persona a nivel individual; es igualmente importante luchar contra las circunstancias que originan el malestar que viven los inmigrantes como colectivo, cambiando las estructuras política y sociales de un mundo que les trata de una manera tan injusta. Los inmigrantes son uno de los grandes perdedores de la globalización porque con ella han visto mermados gran parte de sus derechos. Este punto atañe a todos los ciudadanos, porque está claro que hay que evitar las causas que originan todo este sufrimiento en las migraciones de hoy y esto requeriría grandes cambios en el funcionamiento a nivel mundial.

Parte III
¿CÓMO PEDIR AYUDA?

➡️ Diferenciar estrés y duelo del trastorno mental

Vivir situaciones estresantes de modo crónico provoca un malestar intenso e incrementa el riesgo de padecer un trastorno mental. En este contexto, el inmigrante busca ayuda, pero no siempre encuentra la adecuada porque hoy en día existe un fenómeno muy intenso de medicalización y psiquiatrización de los sufrimientos psíquicos. No todo el malestar psíquico es trastorno mental.

Por si no tuviera suficientes problemas, el inmigrante se encuentra con que el sistema sanitario no diagnostica ni interviene adecuadamente ante este cuadro. El siguiente listado sistematiza los diferentes riesgos a los que se enfrenta el inmigrante en estas circunstancias.

✔️ El riesgo de banalizar el sufrimiento psicológico de los inmigrantes

Ya sea por desinterés, por desconocimiento del tema, por falta de sensibilidad o por racismo, las propias organizaciones internacionales como la OMS apenas abordan la salud mental de los inmigrantes más allá de discursos protocolarios.

También se produce banalización del sufrimiento psicológico cuando sólo se ve el lado social de los problemas de los inmigrantes, sin tener en cuenta que en medio de estas realidades sociales hay millones de personas sufriendo emocionalmente sus consecuencias. Entonces se cae en el riesgo de trivializar lo psicológico y convertirlo en una especie de epifenómeno de lo sociológico.

El riesgo de medicalizar y psiquiatrizar el sufrimiento psicológico de los inmigrantes

Con frecuencia, los inmigrantes estresados son tratados como enfermos depresivos, psicóticos, como si tuvieran trastornos adaptativos, o como enfermos somáticos a los que se somete a pruebas innecesarias y peligrosas (además de muy costosas).

Así pues, hay un riesgo de psiquiatrizar el sufrimiento social: ésta es la gran tendencia de la psiquiatría de hoy.

 *Convertir el estrés y el duelo en trastornos depresivos*

Estamos convirtiendo toda tristeza en enfermedad mental. Sin embargo, la tristeza es un elemento muy importante de nuestro patrimonio cultural, fundamental en la literatura, la música, el arte... En 1960 se diagnosticaba como depresivos al 0,05% de la población. En 2008 al 10%. Las previsiones para el 2025 hablan de un 20% o más.

Fenomenológicamente, la tristeza que siente el inmigrante ante sus adversidades, la tristeza del Síndrome de Ulises, no es la tristeza de un cuadro depresivo típico; es más la tristeza de un duelo extremo, de un pesar intenso, más en la línea de la desolación —ésta ha sido magníficamente descrita por San Ignacio de Loyola (Font, 1996)—.

Porque, en estos inmigrantes, faltan síntomas muy importantes para el diagnóstico de un trastorno depresivo, como la apatía: el hecho de que la persona no tenga motivación para ir adelante es consustancial al propio concepto de depresión. Estos inmigrantes quieren hacer cosas, están deseosos de luchar, pero no ven ningún camino —y no porque deformen la realidad—. En el episodio depresivo, como describe textualmente el DSM-V, «casi siempre hay pérdida de intereses». Para que la tristeza sea considerada patológica, ha de impedir el funcionamiento adaptativo del sujeto. Si les saliera un trabajo a 20 kilómetros, estos inmigrantes correrían inmediatamente hacia allá, serían capaces de ir adonde hiciera falta. Creo que se admitirá sin problemas que esta conducta es extremadamente atípica —es más, constituye un auténtico oxímoron (contradicción en los términos)— en alguien al que se diagnostica como enfermo depresivo.

Tampoco tienen pensamientos de muerte. Estas personas están más llenas de pensamientos de vida que de pensamientos de muerte. Piensan en sus hijos, sus familias... Sin embargo, también el DSM-V-TR señala que en la depresión «son frecuentes los pensamientos de muerte». El depresivo ya no lucha. Tal como ya señalaba Freud (1917), el duelo se parece a la depresión, pero en el duelo se mantiene la autoimagen, la autoestima, el sujeto no se derrumba. El Síndrome de Ulises es un duelo de tipo extremo, no un trastorno depresivo.

Que no toda tristeza es depresión está magníficamente reflejado en la literatura; por ejemplo, en la novela *Las inquietudes de Shanti Andía* cuando Baroja escribe: «A veces me embarga una tristeza tan extraña que creo que sería muy desgraciado si no pudiera sentirla alguna vez». O en los magníficos versos de Neruda de *Veinte poemas de amor y una canción desesperada,* cuando dice: «Puedo escribir los versos más tristes esta noche».

Desde esta perspectiva, es muy interesante el libro *The loss of sadness* de Allan V. Horwitz y Jerome C. Wakefield (2007). En él señalan cómo estamos perdiendo el sentimiento humano de tristeza, desvirtuándolo y convirtiéndolo en un mero síntoma patológico, un sinónimo de enfermedad. Hoy en día comienza a ser frecuente que casi todo el mundo que visita al médico salga con algún diagnóstico debajo del brazo. ¡Parecen las rebajas en las que uno siempre acaba llevándose algo! ¿Tan malos eran los psiquiatras hace unos años? ¿Tanto hemos empeorado en tan poco tiempo?

El riesgo de confundir el trauma con el trastorno por estrés postraumático

Corremos el riesgo de añadir un plus al dolor que padecen los refugiados que llegan a un país extranjero en muy difíciles circunstancias: el estigma de que padecen masivamente trastornos mentales, especialmente en relación al sobrediagnóstico como trastorno mental de las situaciones traumáticas que han vivido.

Considero que hay un sobrediagnóstico psiquiátrico de las situaciones de trauma que viven los refugiados con el denominado trastorno de estrés postraumático, un cuadro del que se habla con frecuencia en los medios de comunicación de manera poco contrastada y que para muchos investigadores está fuertemente sobrediagnosticado Por ejemplo, en la guerra de la antigua Yugoslavia se llegó a decir que la mitad de la población de los Balcanes padeció trastorno de estrés postraumático.

Ya la propia historia de cómo surge este diagnóstico de trastorno de estrés post-traumático es clarificadora de los peligros de su utilización abusiva, pues se introduce en las clasificaciones psiquiátricas tras la guerra de Vietnam, por la enorme presión de las poderosas asociaciones de veteranos de guerra que buscan tener más ayudas económicas y beneficios sociales del Gobierno al volver a Estados Unidos. Así, el trastorno se inscribió en el DSM-III sin estudios de campo que lo avalasen, dadas las tremendas presiones que se realizan sobre el comité de redacción. Como señala el profesor del University College of London, Chris R. Brewin, en su libro *El trastorno de estrés postraumático, ¿mito o realidad?*, de esta manera se convierte en trastorno mental algo que forma parte de la reacción normal ante las situaciones traumáticas y que la mayoría de las personas es capaz de elaborar.

Como resultado de las exitosas campañas de promoción de este trastorno por parte de las asociaciones de veteranos de guerra —incluso en la prensa—, el diagnóstico del trastorno crece de modo casi exponencial en los años siguientes. Sin embargo, años después, en Estados Unidos existe una gran polémica y una gran inquietud acerca de los efectos de estas campañas, por los efectos negativos a que han dado lugar.

Como se ha señalado, ¿por qué los veteranos de la Segunda Guerra Mundial, que vivieron todas las atrocidades del nazismo, se recuperaron sin problemas apenas de los traumas de la guerra, se integraron sin dificultades relevantes en la sociedad americana y, sin embargo, ahora los veteranos de guerra son un colectivo lleno de problemas y con graves dificultades de integración? Para algunos autores, la causa es la profusión masiva del diagnóstico de trastorno de estrés postraumático, que ha estigmatizado a los que vuelven de la guerra y les ha convertido a los ojos de la población en enfermos, «locos peligrosos», violentos.... Todo esto ha provocado su aislamiento, que no se les contrate, que se les tema. Lógicamente, este rechazo incrementa su frustración, su rabia, su desadaptación... su no integración.

Volviendo al caso de los inmigrantes, lo cierto es que este sobrediagnóstico no sólo se da en el marco de la psiquiatrización creciente de la vida cotidiana. A veces, se produce por un intento desmedido de enfatizar la gravedad de sus problemas con intención de que se les ayude, de que se les den recursos, etcétera. En último término, esta psiquiatrización del dolor de los inmigrantes tiene consecuencias muy negativas.

Hay numerosos metanálisis que muestran que no más del 20% de las personas que viven situaciones traumáticas desarrollan trastornos mentales —entre ellos, el trastorno de estrés postraumático—. En mi experiencia desde principios de los años 1990 atendiendo en el SAPPIR a inmigrantes y refugiados —muchos de ellos llegados en patera en circunstancias tremendas—, los diagnósticos de trastorno de estrés postraumático son incluso bastante menores a esa cifra del 20%. De todos modos, que no padezcan este trastorno no quiere decir, obviamente, que no precisen apoyo y contención, porque es normal que alguien que ha vivido un trauma lo reviva en algún momento durante algún tiempo, mientras se va elaborando y se va disipando, pero eso no quiere decir que padezca un trastorno mental. La larga historia evolutiva y la selección natural habrían proporcionado a la mayoría de la población la capacidad de elaborar bien las situaciones traumáticas.

Por lo tanto, urge una revisión de todo este fenómeno, no vaya a ser que, hablando de situaciones traumáticas, «nos salga el tiro por la culata».

Barreras a superar en la ayuda psicológica

Cuando el inmigrante busca ayuda psicológica, ha de ser consciente de que hay una serie de dificultades a superar para lograr que esta ayuda sea de calidad.

Es importante resaltar que los inmigrantes y las minorías tienen el índice más elevado de incumplimiento terapéutico y de abandono del tratamiento en el área de la atención en salud mental. Esta realidad nos muestra las dificultades que comporta la atención a estos grupos humanos y los graves déficits que existen en nuestro modelo asistencial para poder darles una atención de calidad.

Un primer aspecto básico en la atención a los inmigrantes y las minorías es que, dadas las dificultades de comunicación y las barreras culturales y sociales que existen, los detalles que denotan proximidad, respeto y aceptación son importantes en la relación terapéutica.

✓ Barreras sociales

Al pedir ayuda, el inmigrante debe superar sentimientos de desconfianza, recelo, temor, rabia. El inmigrante que llega a un nuevo país, se ha de poner a la cola, empezar de cero, y es frecuente que viva penalidades antes de poder coger el ascensor social. Todas estas situaciones ligadas a vivir en los límites del sistema o de vivir en la exclusión social le generan desconfianza hacia los servicios asistenciales, a los que percibe como parte del sistema de poder autóctono.

Las personas que viven situaciones de estrés crónico y exclusión social, como en el caso de muchos inmigrantes, llegan incluso a no ver las diferencias entre el profesional asistencial y otras personas —de muy diferentes capas de la sociedad de acogida a las que el profesional pertenece— que los rechazan: asocia al terapeuta con el patrono, el policía, el funcionario... Aunque el profesional tiene obviamente una función de ayuda, la persona en exclusión social no puede abstraerse del contexto social en el que tiene lugar la relación asistencial y lo coloca «en el otro bando». Está demostrado que existe una construcción social de la identidad. Así, el inmigrante tiende a agrupar a los que están dentro del sistema, por diferentes que sean; es lo mismo que ocurre cuando, de modo similar, desde dentro se unifica a todos los inmigrantes como un solo grupo, cuando existen enormes diferencias entre los distintos colectivos y situaciones personales.

Sin embargo, con frecuencia esta hostilidad se halla oculta bajo el manto de la sumisión, amedrentada ante las vivencias repetidas de indefensión aprendida que hacen que estas personas congelen los duelos que han vivido. Es justamente ante la figura del terapeuta o trabajador de la red asistencial ante quien pueden expresar esos sentimientos que habitualmente deben reprimirse. Es como el caso que citábamos anteriormente del niño que se da un golpe en la guardería y, cansado de llorar y de que nadie le haga caso, congela el sufrimiento, pero cuando llegan sus familiares se echa a llorar otra vez. Es en la relación terapéutica —un espacio privilegiado de relación— donde se expresa mejor que en ninguna parte esta queja. Lógicamente, si el profesional no entiende la situación, el mecanismo psicológico que la provoca, habrá problemas porque lo interpretará como un ataque personal y puede reaccionar inadecuadamente.

Hay un dato que corrobora claramente lo que estamos señalando: el alto índice de abandono terapéutico de los inmigrantes y los grupos en exclusión social. Son plusmarquistas en lo que a abandono del tratamiento se refiere; sobre todo los subsaharianos (Aponte *et al*. 1995). No se exhiben precisamente.

> Una expresión de esta desconfianza, de esta transferencia negativa, la tendríamos en una situación que hemos vivido alguna vez en nuestra consulta del SAPPIR. Al mostrar varias fotografías que recogen expresiones faciales que son universales, en el marco de un test para que nos señalen cuáles de las expresiones emocionales de las caras que les mostramos se parecen más a los que ellos sienten, nos han dicho: «Yo no conozco a nadie, yo no les he visto nunca». Es decir, nos confunden con la policía. Y esto en el marco de un hospital.

Claro que con este «ambientazo» terapéutico no son sorprendentes los abandonos de los tratamientos. Ya hemos señalado que los profesionales se colocan en el papel de «buenos» en esta película: pero ojo, que el reparto de papeles lo decide el paciente. Si perciben así a los profesionales, no es extraño que los inmigrantes acudan poco a los servicios sanitarios. No vienen por temor a ser identificados dada su situación de ilegalidad, por desconocimiento de cómo acceder a la asistencia, y porque desconfían de que los profesionales asistenciales les comprendan y les atiendan adecuadamente.

La desconfianza de estos grupos proviene de que con frecuencia se sienten rechazados y discriminados por sectores de la sociedad de acogida. Por ejemplo, es importante anotar cuidadosamente los nombres y apellidos de los pacientes como muestra de respeto, en el orden en que ellos lo escriben, e intentar pronunciarlos correctamente. Si tienen varios nombres, hay que respetarlos, algo que no se hace muchas veces, sobre todo con los inmigrantes latinoamericanos o árabes.

También puede ser positivo tratar a estas personas como «señor»/«señora», ya que tienden a sentirse excluidos y a ver al profesional como alguien que forma parte de las instancias de poder de la sociedad de acogida. Cuando hay más confianza en la relación terapéutica, también puede ser positivo llamarles por el nombre de pila (como ya hemos comentado, nuestro nombre es la palabra más hermosa, la que más nos gusta oír).

Igualmente, es importante dedicar más tiempo a la primera visita para intentar crear un mayor vínculo terapéutico, poder conocer mejor la realidad que vive la persona —tan diferente a la del profesional que le atiende—, ayudar a aminorar los prejuicios culturales, e incluso en prevención de que el inmigrante no vuelva a la consulta, dado el elevado abandono terapéutico que se da en estas comunidades.

✓ Barreras culturales

Es necesario tener presente que hay diferencias culturales entre el inmigrante y los profesionales que les atienden, por lo que es importante buscar profesionales que tengan una actitud de «descentramiento» de su propia cultura, que es una especie de filtro, de gafas graduadas, con las que observamos el mundo. Y tener en cuenta que la cultura del profesional autóctono es una más, no la Cultura, con mayúscula.

Sin embargo, tampoco debe resaltarse la distancia cultural, considerándola como algo insalvable, ya que esto supondría considerar que es imposible la comunicación, cuando en realidad todos provenimos de una historia evolutiva muy próxima. Pero existe un riesgo de confundir cultura con raza. Si se dice que un marroquí o un brasileño o un español actúa siempre de una determinada manera porque su cultura se lo determina, ¿en qué se diferencia este concepto de cultura del concepto de raza? ¡En nada!

Tampoco se ha de caer en el exotismo, en una visión *snob* y colorista de las diferencias culturales, estableciendo estereotipos y tópicos que no respetan las diferencias individuales.

Además, la identidad cultural del sujeto es un proceso de construcción y deconstrucción personal permanente que siempre se debe respetar, por debemos evitar caer en estereotipos sobre las culturas de los inmigrantes y las minorías.

Dada la importancia de la lengua en la comunicación, la participación de intérpretes y mediadores juega un rol muy relevante en la intervención, pero no por ello exento de dificultades, ya que es un trabajo complejo para el que se ha de preparar bien a estos profesionales. Esta formación es necesaria ya que, a no ser que estén bien entrenados, una tercera persona puede interferir en el proceso terapéutico. Además, es frecuente que el intérprete se vea afectado por lo que explica el paciente, ya que le hace revivir su propio duelo migratorio.

Sabemos que la cultura es el filtro a través del cual se expresan las emociones y los síntomas. No respetar la cultura del inmigrante es, además, una forma de desvalorizar su mundo, lo que refuerza el sentimiento de exclusión social que afecta a estos grupos humanos.

Tal como señala la psicología evolucionista, las diferencias entre los grupos humanos existen, pero no deben ser sobrevaloradas.

El paciente de otra cultura no es, tal como plantean algunos culturalistas radicales, casi un marciano. Como es obvio, posee las mismas necesidades psicológicas básicas de cualquier ser humano, marcadas por la evolución y la selección natural: apego, seguridad, valoración, rol social, etcétera.

Como la psicología y la psiquiatría transcultural han demostrado, la comprensión de las emociones es universal, aunque hay que tener en cuenta el marco de la cultura en la intervención psicológica. La cultura tradicional considera que quien enferma ha incumplido alguna norma del grupo (ha dado envidia, no ha tratado bien a los padres o a los antepasados, etcétera). Entonces, el paciente teme que el damnificado haya recurrido a la brujería para enfermarle. Pero esto no significa que todo inmigrante pertenezca necesariamente a ese mundo. Por ejemplo, la mayoría de los inmigrantes españoles en Suiza tampoco basaban su salud en la magia y la hechicería. Además, en todas las sociedades occidentales hay un porcentaje relevante de personas que creen en los curanderos.

En definitiva, en el marco de la relación terapéutica con los inmigrantes los aspectos culturales deben integrarse en el conjunto de elementos de la situación social del sujeto. Pero a veces al profesional le cuesta entenderlo. Como nos espetó un inmigrante africano, que estaba padeciendo aquí grandes adversidades y desgracias: «Mire usted, a mí el mal de ojo no me lo han echado en África, ¡me lo han echado las leyes que tienen ustedes en este país!».

En cuanto a cómo abordar las diferencias culturales, debemos partir de la base de que existe un *gap*, una distancia cultural que no debe ser menospreciada ni sobrevalorada. Insistimos en que tampoco debe ser resaltada la distancia cultural, como plantea la etnopsiquiatría, considerándola como algo insalvable, ya que esto supondría considerar que es imposible la comunicación.

Es muy importante respetar la cultura del inmigrante, por supuesto dentro de los límites marcados por las leyes, porque el rechazo es una forma de desvalorización, de considerarle inferior.

También es importante tener en cuenta aspectos de la cultura del inmigrante que pueden ser de utilidad para la ayuda en salud mental. En esta línea, recuerdo el caso de una joven asiática a la que atendimos en el SAPPIR hace unos años que no se podía casar con una pareja de su comunidad de origen porque cuando se prometió con él descubrió que las dos familias tenían una rivalidad por un conflicto que había ocurrido hacía muchos años. Ante esta situación, la joven entró en un cuadro con intensa sintomatología depresiva, para la que fracasaron todos los tratamientos. La solución transcultural a este cuadro fue organizar un acto de desagravio para vencer el conflicto generado siglos atrás entre las dos familias. A través de una serie de rituales, fue posible para todo el grupo aplacar a los antepasados y permitir así la unión de la pareja, que finalmente pudo volver a juntarse con gran satisfacción de todos y habiéndose eliminado la sintomatología. Podemos ver, pues, cómo tener en cuenta los aspectos culturales nos puede ser de mucha utilidad a nivel asistencial.

Hay factores culturales que conviene tener en cuenta en la intervención asistencial y terapéutica. A continuación, plantearemos de modo sucinto las relaciones entre los valores culturales más relevantes y las áreas de la salud mental y la psicopatología, tanto desde una perspectiva conceptual como desde la perspectiva de mi experiencia asistencial desde los años 1980 con los inmigrantes extracomunitarios en España.

Las diferencias culturales en la conciencia de individualidad

En muchas culturas de origen de los inmigrantes, se considera más saludable la dependencia del grupo que la autonomía personal. La idea de que la persona ha de tener un funcionamiento diferenciado, ser autónoma respecto del grupo no está bien valorada; puede ser vista más bien como un defecto, no como una virtud, tal como se entiende actualmente en la cultura occidental. En las culturas tradicionales, se valoran más los intereses colectivos del grupo que los sentimientos o deseos de la persona.

Los trabajos de Hofstede (1999) y de Paez y Casullo (2000) señalan que las culturas en las que lo grupal predomina sobre lo individual son culturas en las que se somatiza más la ansiedad y la depresión. Hofstede (1999) diferencia entre culturas colectivistas (la mayoría) e individualistas (una minoría). «El colectivismo sería característico de sociedades en las que las personas se integran desde su nacimiento en grupos fuertes y cohesionados que continúan protegiéndolas toda la vida a cambio de una lealtad inquebrantable». «El individualismo es característico de las sociedades en las que los lazos entre las personas son laxos: cada uno debe ocuparse de sí mismo y de su familia más próxima».

En las sociedades colectivistas, las opiniones personales están predeterminadas por el grupo. Los roles personales y la pertenencia al grupo constituyen la base de la identidad personal. Hay una desvalorización de la vida interna del individuo y una baja elaboración psicológica de las emociones. Los atributos internos de la emoción son menos valorados y están más somatizados.

Todo ello, como es obvio, supone hacer mucho más complejo el campo de trabajo psicoterapéutico desde la perspectiva occidental —que se basa en gran parte en el desarrollo de la autonomía personal—. Desde la perspectiva de la psicología y la psiquiatría evolucionista (Achotegui, 2012), podemos entender que primen los intereses colectivos sobre los individuales como un funcionamiento que favorece la supervivencia del grupo, como una estrategia de adaptación en contextos en los que la propia vida se halla con frecuencia en juego y no hay espacio para que cada uno haga lo que le parezca. También en las sociedades occidentales individualistas se percibe esta tendencia a los funcionamientos de tipo grupal en las clases sociales populares, que son más colectivistas, tienen un pensamiento más concreto y un lenguaje más contextual, menos psicologicista, porque las situaciones de precariedad que viven les hacen necesitar compartir más, depender del grupo.

 *Las diferencias culturales en el sentimiento de culpa*

En la visión judeocristiana del mundo, se considera que existe una culpa innata, el pecado original. Este planteamiento, esencial en la configuración de la mentalidad occidental, no es compartido por la mayoría de las culturas.

Hay que aclarar que no es que en las medicinas tradicionales, aunque la persona vea las causas de los problemas (dar envidia, no cumplir las normas del grupo, etcétera), no se sienta culpable de sus actitudes o actos; ante todo se siente temerosa de la venganza, de la agresión, del castigo de los que se han podido sentir damnificados por sus conductas inadecuadas.

Atendimos a un paciente marroquí que consideraba que una tía suya le había echado el mal de ojo porque no se había casado con su prima, tal como le había planteado la familia, sino con otra mujer de la que estaba enamorado. Ya en la noche de bodas se encontró mal. El paciente, a pesar de haber ido a varios morabitos, no conseguía hacer desaparecer su mal. Pero él no tenía sentimiento de culpa por haber infringido la norma del grupo que le impedía casarse con otra persona que no fuera la establecida. De lo que tenía miedo era de ser castigado por ello.

En nuestros datos se puede comprobar que los pacientes latinoamericanos de cultura cristiana tienen mucho más sentimiento de culpa que los asiáticos o los africanos. De todos modos, este sentimiento de culpa es complejo y posee muchos matices, incluso a veces se halla «integrado» como un aspecto más de la cosmovisión de la persona. Recuerdo el caso de un paciente argentino que en mitad de la consulta me dijo: «Doctor, ¿cuándo me va a preguntar usted si tengo sentimientos de culpa?». Y otro caso de un inmigrante latino con un trastorno adaptativo al que le preguntarle si tenía sentimientos de culpa, respondió esbozando una media sonrisa: «¡Tengo culpa por todo!». En la tradición judía, el *Yom Kipur* (el día del perdón) se mata un gallo o una cabra para expiar la culpa del grupo (de ahí lo de chivo expiatorio).

Las diferencias culturales acerca de la relación mente-cuerpo

También es prototípica de la cultura occidental la separación de la mente y el cuerpo. Se ha dicho que las raíces de esta separación provienen de la idea de que el cuerpo es malo, incluso de que es la cárcel del alma, tal como sostenía Platón. Por eso, hay que dominar el cuerpo, luchar contra los pecados de la carne, valorar sobre todo lo espiritual. En esta línea, en la psicología occidental —sobre todo de tipo psicoanalítico—, se considera que expresar las emociones a través del cuerpo es menos sano. Somatizar se asocia a un trastorno, ya que se debe poner todo en la mente. De hecho, existe toda una corriente en el Reino Unido dirigida por psiquiatras del renombre de Allen, Fonnagy y Bateman (2008) denominada *mentalizing* que enfatiza al máximo este planteamiento.

Según nuestra experiencia, la tríada insomnio-cefalea-fatiga destaca entre la sintomatología somática más frecuente de los inmigrantes. En una investigación reciente (Achotegui *et al.*, 2012) publicamos que, entre los 1.048 inmigrantes atendidos en el SAPPIR, la cefalea es mucho más frecuente en los inmigrantes con Síndrome de Ulises (un cuadro de duelo migratorio extremo, no una patología psiquiátrica) que en los inmigrantes con trastornos mentales. Además, la cefalea también se da más comparativamente en los inmigrantes con patología psiquiátrica que en los autóctonos con trastornos mentales atendidos en la Fundació Hospital Sant Pere Claver.

En las culturas de origen de los inmigrantes, la emoción se expresa a través del cuerpo, pero sin alexitimia (literalmente, «ausencia de sentimientos»). Es decir, la expresión corporal de los sentimientos se asocia a la expresión emocional. Recordamos, por ejemplo, el caso de un hombre árabe que mientras expresaba su dolor por una mala relación de pareja se apretaba el pecho que sentía dolorido. Como es obvio, este planteamiento que integra lo mental y lo corporal favorece que en la mayoría de las culturas de origen de los inmigrantes la sintomatología de tipo ansioso depresivo se acompañe de sintomatología psicosomática y somatomorfa, lo cual en mi opinión es más integrador.

Las diferencias culturales en la ubicación del hombre en relación al mundo

En la cultura judeocristiana occidental, se ha tendido a considerar que el hombre es el rey de la creación, el centro del mundo, que toda la naturaleza está a su servicio. En otras culturas, no se percibe el mundo de esta manera, existe una visión más ecológica, que integra más al hombre en la naturaleza. En la cultura occidental, se considera que el hombre está hecho a imagen y semejanza de Dios, por lo que es muy superior a las otras especies. «Procread y dominad la tierra», dice el Génesis, mostrando que la tierra está al servicio del ser humano. En la cultura occidental, se separa radicalmente al hombre del resto de la naturaleza y, desde la perspectiva de otras culturas, muchos males del hombre occidental provienen de aquí, de vivir de espaldas a la naturaleza sintiéndose superior. Desde esta perspectiva, se explica la obsesión por la acumulación y la productividad sin mirar el entorno tan típica de la cultura occidental.

A este respecto, ocurrió un hecho muy significativo en una aldea africana: varias ONG internacionales donaron maquinaria agrícola de gran calidad. Se organizó un acto al que acudieron autoridades de la capital y representantes de las ONG para poner en marcha el proyecto. Cuando un año después todas estas autoridades volvieron a desplazarse a la aldea para conmemorar el aniversario de la entrega de tan valioso material, no salían de su asombro al ver que los campos de la zona seguían en el mismo estado que el año anterior. Al preguntarle al jefe de la aldea qué había pasado con la productividad, cómo podía ser que con toda aquella maquinaria «último modelo» la cosecha fuera la misma que antes, el jefe les respondió: «La productividad no sé cómo habrá ido, pero a nosotros nos ha ido fenomenal porque gracias a la maquinaria hemos podido trabajar mucho menos y hemos tenido mucho más tiempo para charlar, bañarnos en el río, danzar, etcétera». Para un occidental, si hay más máquinas, hay que producir más, siempre más, ¡explotar la tierra sin límite alguno! Aunque, como es sabido, ésta ha sido la causa del fin de muchas civilizaciones importantes.

Aspectos culturales en relación al modelo de personalidad

En el marco de la escuela cultura y personalidad, desde una perspectiva freudomarxista, Abraham Kardiner (1945) plantea el concepto de «personalidad básica», señalando que se constituye en relación a las «instituciones primarias», que son las condiciones materiales de vida de un grupo humano, y las «instituciones secundarias», que son las costumbres, la religión, etcétera. La personalidad básica se moldea por la educación de la infancia, y se expresa en la ideología del grupo, las actitudes emocionales y cognitivas de los miembros del grupo.

Desde esta escuela cultura y personalidad, se plantea que, por ejemplo, existiría relación entre el cuidado cariñoso de los niños y la ausencia de espíritus terribles y persecutorios. O que una disciplina sexual severa se relaciona con la creencia en brujas malas. En esta línea, se hallarían también las famosas investigaciones de M. Mead, sobre todo el libro *Sexo y temperamento en Samoa* (1968), en el que estudia tres culturas: los arapesh —que tienen como modelo de comportamiento lo que en occidente se considera femenino—, los mundugumors —que tienen como modelo lo masculino— y los tchambulis —en cuya sociedad los hombres actúan como mujeres y las mujeres como hombres—. Así, este estudio muestra las relaciones entre los factores culturales y la personalidad.

 *Las diferencias culturales en el modelo de personalidad ideal: la personalidad apolínea y dionisíaca*

También en el marco de la teoría cultura y personalidad, habría que señalar la obra de Ruth Benedict (1937), que desarrolla la teoría de que hay dos tipos de personalidades ideales en todas las culturas, la apolínea y la dionisíaca, basándose en los planteamientos de Nietzsche que veía en la cultura griega dos modelos de personalidad ideal: uno el apolíneo, basado en el orden, la medida, «nada en demasía»; mientras que el modelo de tipo dionisíaco basado en la excitación, la pasión, el exceso. Obviamente, son dos maneras bien distintas de entender la vida. Hay culturas que educan a los niños en valores de tipo más apolíneo (obsesivo) y otras que educan más en valores de tipo dionisíaco (maníaco). El modelo apolíneo se basa en la figura del dios Apolo, cuyo símbolo es un arco que simboliza el poder distante, silencioso, pero certero. En su sonrisa, hay una cierta frialdad, distancia. Es el dios de las purificaciones. Representa la racionalidad, la claridad. Por su parte, el modelo dionisíaco se basa en figura del dios Dionisos. Se le representa como un toro y con un falo. Se ciñe con una corona de vid, es el dios del vino, de la vegetación. Representa lo desconocido, lo incontrolado, lo extranjero. Se decía que provenía de la lejana India. Es el dios del teatro.

De todos modos, toda valoración es comparativa y hay culturas más dionisíacas que otras, tal como nos expresaba una dominicana al referir: «No hay nada más triste que una zapatería española: todo zapatos negros, blancos… ¿por qué no rojos, amarillos, violetas…?». Por desgracia, dado que hay una oposición entre los valores de los apolíneos y los valores de los dionisíacos, no es extraño que haya tensiones entre ambos grupos. Así, los apolíneos consideran a los dionisíacos como primitivos, salvajes, incivilizados; y los dionisíacos consideran a los apolíneos como timoratos, reprimidos... Sin embargo, la propia R. Benedict considera que todas las culturas tienen elementos de los dos tipos. De suyo, desde la perspectiva psicoanalítica, las defensas obsesivas (control) y maníacas («forzar los límites») son básicas en la personalidad.

Las diferencias culturales en la distancia jerárquica

La distancia jerárquica haría referencia a las diferencias de poder entre las personas de un determinado grupo humano. Como señala Hofstede (1999), una de las situaciones en las que se percibe mejor la distancia jerárquica es dentro de la propia familia: hay sociedades en las que el respeto hacia los padres y los mayores se considera fundamental, pero a su vez éstos tratan a los niños de forma afectuosa y protectora. Por el contrario, hay sociedades en las que se trata a los niños como iguales, se les deja que lleven el control de sus propios asuntos cuanto antes y se les enseña a decir que no muy pronto. En estas sociedades, las relaciones con los demás no dependen del estatus jerárquico. También en lo referente a la escuela hay sociedades con mucha distancia jerárquica y otras con menos. Hay sociedades en las que el alumno debe ponerse en pie al llegar el profesor, nunca se contradice a un maestro y se considera que lo que se enseña es ante todo la sabiduría personal del profesor.

Hofstede refiere la anécdota de que al llegar a Suecia para ser coronado rey, el general francés Bernadotte pronunció un discurso en sueco y se encontró con las carcajadas de sus súbditos ante sus dificultades en el manejo de la lengua sueca. El nuevo rey se enfadó tanto que decidió no hablar más en sueco. Según Hofstede, Bernadotte fue víctima de un choque cultural: los suecos tienen una mentalidad mucho más igualitaria que los franceses y pueden reírse de alguien sea cual sea su estatus social. En las culturas muy jerarquizadas se expresan menos las emociones, salvo las emociones negativas hacia los inferiores.

 *Las diferencias culturales en la correlación entre lo masculino y lo femenino*

Como señala Hofstede (1999), hay culturas en las que el padre es duro y se ocupa de los hechos, y la madre es más suave y se ocupa de los sentimientos. En estas culturas, los niños deben autoafirmarse, no llorar y responder cuando se les incita a la pelea. Las niñas deben complacer y ser complacidas, pueden llorar, pero no pelean. Pero en las culturas masculinas, también las mujeres son ambiciosas, aunque proyectan su ambición sobre las carreras de sus maridos o hijos. En las culturas femeninas, no se busca tanto el destacar.

Los síntomas psicológicos se estructuran también dentro de este marco. Como se ha señalado irónicamente desde alguna corriente de la psicología evolucionista: cuando los hombres comienzan a deprimirse les da por beber o invadir el país vecino; cuando las mujeres se deprimen, les da por irse de compras o por atiborrarse de chocolate.

 *Las diferencias culturales en la tolerancia a la ambigüedad: el grado de peligro de lo diferente*

En las culturas con fuerte control de la incertidumbre, en la educación de los niños, las ideas sobre lo sucio y lo peligroso son rígidas. Esto no sólo afecta a los aspectos materiales, sino también a las relaciones interpersonales. La incertidumbre extrema genera una ansiedad intolerable. Por ello, las sociedades la combaten:

- A través de la religión (incertidumbre existencial).

- A través de las leyes (incertidumbre de las conductas de los demás).
- A través de la tecnología (incertidumbre de la naturaleza). Van más allá del terreno de lo material.

Como señala Hofstede, «las culturas con fuerte control de la incertidumbre necesitan categorías de personas peligrosas de las que defenderse». Y esto se aplica también a las ideas. La línea que separa el bien del mal es rígida. Como señala Hofstede (1999) citando al sociólogo inglés Peter Lawrence en relación a la cultura alemana: «lo que sorprende al visitante extranjero en Alemania es la importancia que se concede a la noción de puntualidad... En el compartimiento de un tren el tema normal de conversación entre extraños no es el tiempo, sino la puntualidad».

Las culturas basadas en las religiones orientales se preocupan mucho menos de la Verdad con mayúscula: el postulado de que existe una verdad única a la que es posible acceder no está en sus planteamientos. Así, los orientales pueden integrar en su práctica religiosa elementos de varias religiones (budismo con sintoísmo, por ejemplo). En las investigaciones de Hofstede se ve cómo los asiáticos, sobre todo los chinos, tienen un control menor de la incertidumbre, lo cual relaciona con la propia legislación china que no defiende «el gobierno de la ley», sino «el gobierno del hombre», que es el que valora las conductas según las situaciones teniendo como referencia unos principios generales, no rígidos, como los de Confucio.

Desde el punto de vista cognitivo intercultural, destacan los trabajos de Nisbert (2003), que muestran cómo las culturas occidentales son más analíticas y las orientales más holísticas. Así, ante la visión de un estanque, mientras los occidentales se fijan en los elementos aislados (¡se dedican fundamentalmente a contar cuántos peces hay!), los orientales se fijan preferentemente en el conjunto y en la relación entre los componentes (los colores, la forma del estanque, la armonía entre las partes y las proporciones).

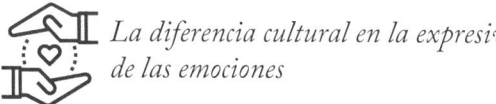 *La diferencia cultural en la expresividad de las emociones*

Las tradiciones confuciana y taoísta alertan contra la verborrea: «El que utiliza pocas palabras o habla poco es recompensado por los dioses». Se considera que lo importante no es lo que la persona dice o siente, sino que ante todo lo importante es lo que hace y cómo lo hace. Las emociones serían secundarias a la dinámica social. En las tradiciones orientales, se considera que expresar las emociones supone imponer los sentimientos propios a los de los demás (por ejemplo, alguien que rompe a llorar en una reunión expresa sus emociones, pero a la vez condiciona la marcha de toda la reunión, todo gira a su alrededor). Además, si esta expresión de las emociones no es equilibrada, dificulta la armonía y la felicidad personal, y favorece la enfermedad.

Sin embargo, se ha visto también que en la expresividad de las emociones no sólo intervienen factores de tipo cultural, sino también de tipo social: así, las clases populares también restringen la expresión verbal de las emociones, tienen menos vocabulario para expresarlas psicológicamente y hablar sobre ellas. Sin embargo, compensan esto con más expresión gestual y somática de las emociones.

 *Las diferencias en los valores*

¿Qué son los valores? El modelo más estructurado de análisis de los valores a nivel psicológico es el de Schwartz (1990), para quien los valores se caracterizan por los siguientes aspectos:

⇨ Son creencias fuertemente vinculadas a los afectos: la amistad, por ejemplo.
⇨ Se relacionan con objetivos deseables: son la expresión de motivaciones que sirven para conseguir fines específicos: la seguridad, la autonomía, etcétera.
⇨ Trascienden las situaciones específicas. Por ejemplo, la responsabilidad se aplica al trabajo, la familia... Las actitudes y las normas se relacionan con situaciones particulares.
⇨ Son intrínsecamente positivos. Sirven de criterio de evaluación de lo que es bueno o justo. Son inconscientes en general, salvo cuando surge un conflicto.
⇨ Están estructurados jerárquicamente según el orden de importancia, que es estable. La justicia social puede ser considerada un valor superior al poder social.
⇨ La importancia relativa de los valores guía la acción. Las decisiones se toman en función de cuáles predominan.
⇨ Son relativamente independientes de las situaciones específicas. Las normas sociales no.

Para Schwartz, los valores básicos serían los 10 siguientes:

- Poder.
- Éxito.
- Hedonismo.
- Estimulación.
- Autonomía.
- Universalismo.
- Cuidado de los otros.
- Tradición.
- Conformidad.
- Seguridad.

Estos valores son universales porque responden a tres necesidades básicas de toda la especie humana:

- Biológicas.
- Coordinación de interacciones sociales.
- Supervivencia y continuidad en una sociedad.

Además, se basan en la combinación dos dimensiones:

- Transcendencia de sí (que incluye «universalismo» y «cuidado de los otros»), en oposición a afirmación (que incluye «poder» y «éxito»).
- Apertura al cambio (que incluye «autonomía» y «estimulación»), en oposición a conservación (que incluye «tradición», «conformidad» y «seguridad»).

Porque se ha de tener en cuenta que el terapeuta debe aceptar al otro tal como es, sin colocarse en la cómoda postura de la superioridad cultural, del supremacismo, de lo contrario, la propia terapia no puede funcionar. El respeto al otro y la aceptación real del otro son imprescindibles para el establecimiento de la relación terapéutica.

 *La medicina tradicional como planteamiento que tiene en cuenta los aspectos psicosociales y las relaciones interpersonales*

De suyo, las medicinas que más han tenido en cuenta la importancia del estrés psicosocial en la salud han sido las medicinas que, paradójicamente, se consideran más atrasadas: nos referimos tanto las medicinas tradicionales que perduran hoy en buena parte en las culturas africanas, andinas, etcétera, como a nuestras propias medicinas tradicionales, tal como recogen los trabajos etnográficos de Julio Caro Baroja (1966), Joan Amades (1936), etcétera. En todas ellas, se considera que el estrés psicosocial y los conflictos relacionales son claves para la explicación de la enfermedad. Desde la perspectiva de la medicina tradicional y popular, se considera que quien enferma ha incumplido alguna norma del grupo (ha dado envidia, no ha tratado bien a los padres o los antepasados, etcétera). Entonces, surge la enfermedad como expresión de la convicción del infractor de que el damnificado, el que se ha podido sentir maltratado, ha recurrido a la brujería para castigarle. Desde esta perspectiva, hay que señalar que muchas de las formas de tratamiento desde estos planteamientos populares se basan en provocar catarsis emocionales y ceremonias grupales —además, sin prisa— que favorecen la reestructuración terapéutica de los vínculos del paciente con la comunidad con la que se hallaba en conflicto (en la línea de los planteamientos actualmente más relevantes desde la perspectiva psicoterapéutica y psicosocial).

Obviamente, estas medicinas tradicionales poseen un modelo explicativo acientífico de la enfermedad, al considerar que se halla vinculada a la magia —en general, relacionada con aspectos religiosos—, pero, sin embargo, aciertan plenamente al considerar que la enfermedad se halla íntimamente interrelacionada con el estrés psicosocial. Por ejemplo, en las culturas africanas la salud es un tema ligado a los vínculos con la comunidad de pertenencia, al rol del sujeto en el grupo —en relación al apoyo social, a la autoestima, en definitiva—. Es decir, paradójicamente las medicinas que desde el complejo de superioridad occidental se consideran más atrasadas y acientíficas son las que tienen, en toda una serie de aspectos, planteamientos más próximos a los conocimientos actuales más avanzados de las ciencias de la salud.

Importancia de la prevención y la intervención comunitaria

Que el inmigrante tenga acceso a una atención sanitaria de calidad en salud mental va más allá de que reciba un tratamiento psicológico o psiquiátrico cuando se encuentra mal o está enfermo. El objetivo de los servicios sanitarios es, fundamentalmente, promover y proteger la salud, más que tratar la enfermedad.

Como es sabido, hace ya tiempo que no se habla de ministerio de sanidad, sino de salud, enfatizando la importancia de la prevención y la promoción de la salud, más allá de la curación de los trastornos y las enfermedades.

 La ayuda psicológica debe hallarse en el marco de un plan de intervención comunitaria transcultural

Tal como he señalado, el tratamiento no es sino una parte más de la intervención asistencial que va mucho más allá, ya que tiene otras áreas de actuación que son tanto o más importantes que éste.

Para realizar una intervención comunitaria de calidad es necesario:

- Estudio de la realidad social y cultural en la que se va a realizar la intervención. Sin conocer en detalle el contexto y las necesidades de la población a atender no se puede trabajar adecuadamente.
- Identificación del problema con el que se va a trabajar.
- Evaluación de las necesidades, tanto a nivel individual (grado de conocimiento de la problemática, actitudes ante ella, comportamiento) como grupal.

- Realización de un plan de intervención. Se ha de preparar un plan global que estructure los medios de los que se dispone para atender a las necesidades de la población con la que se va a trabajar.
- Promoción de la salud. Mejorar el nivel de salud de la población ayuda a disminuir el riesgo de que enferme. En la medicina oriental, mucho más centrada que la occidental en la prevención hay un dicho que reza: «Cuando la persona está sana paga al médico, cuando enferma es el médico el que paga». Porque la función del médico es ante todo mantener la salud, más que curar la enfermedad.
- Prevención de la enfermedad. Se trata de actuar de modo específico sobre todos aquellos factores que pueden incrementar el riesgo de padecer las enfermedades sobre las que queremos actuar en el programa de intervención comunitaria.

Tanto la promoción de la salud como la prevención de la enfermedad buscan el incremento de los factores protectores.

- Diagnóstico precoz. Detectar rápidamente las enfermedades aumenta las posibilidades de realizar una mejor intervención.
- Tratamiento. Desde la perspectiva de la intervención comunitaria, este punto, que lamentablemente con frecuencia es el único que se tiene en cuenta en la intervención, es tan sólo un punto más.
- Rehabilitación. No sólo hay que curar la enfermedad, sino también posibilitar la plena reincorporación del paciente a la vida social y laboral.
- Evitación de recaídas. Mantener un control de la evolución de las personas que han padecido una enfermedad ayuda a detectar a tiempo los factores de riesgo que les pueden llevar a recaídas.
- Evaluación de la intervención y reelaboración de un nuevo plan corregido de intervención. Obviamente,

una vez efectuado todo el plan de intervención es fundamental evaluarlo: ver qué resultados ha dado, corregir los errores de cara a una nueva puesta en marcha si se considerara necesario, etcétera.

Vemos pues que el tratamiento es pues tan solo una de las áreas de la intervención.

 La importancia de los agentes y promotores de salud

En esta área, uno de los modelos es el programa de salud mental comunitaria llevado a cabo por la Escuela de Salud Pública de la Universidad de Berkeley y la Iniciativa de Salud de las Américas. Como profesor invitado en la Universidad de Berkeley desde el 2007 y asesor del programa, he tenido la oportunidad de conocerlos en profundidad.

Es de gran importancia la formación e intervención de los agentes de salud, promotores de salud, etcétera, en su mayoría inmigrantes, por su cercanía y comprensión directa de los problemas de las personas que piden ayuda.

Como señala X. Castaneda, directora del proyecto, los programas parten de un modelo ecológico. Básicamente, parten del presupuesto de que para lograr tener un impacto positivo en la salud y el bienestar de los migrantes y sus familias (individuos), se debe tener en cuenta el contexto en el que viven y trabajan (comunidad) y las sociedades y/o países en los que estas comunidades están insertas (Estados Unidos/América Latina) y sus normas sociales.

El programa sensibiliza a los actores implicados en este proceso (líderes comunitarios, funcionarios y políticos, proveedores de salud, representantes gubernamentales, medios de comunicación, academia, líderes religiosos, entre otros).

El trabajo de las promotoras tendrá muy en cuenta los estrechos lazos que guardan los migrantes con sus comunidades de origen para implementar programas eficientes para esta población. Muchas veces, ésta conserva una visión denominada «periférica» —que mantiene parte de su mente y de su ser en el lugar del que viene y con los seres queridos que dejó—, que no le permite tener una «visión central» y enfocarse de lleno en su presente, en el lugar en el que está, y aprovechar al máximo su condición actual.

En el modelo de la Universidad de Berkeley, los programas son complementarios, sincrónicos y continuos. Buscan sumar a los esfuerzos de salud pública que se ha iniciado en los países de origen (y viceversa). Los migrantes traen consigo un capital de salud que debe cultivarse y complementarse localmente para que persista. Por ejemplo, la mayoría de los hijos de los migrantes han sido vacunados bajo el esquema nacional de las campañas de vacunación de sus países de origen. Para su ingreso en el sistema educativo de Estados Unidos, se les exige que presenten los documentos donde consta qué vacunas se les han administrado.

Desde la perspectiva de la salud mental, en la Universidad de Berkeley se trabaja con el siguiente esquema:

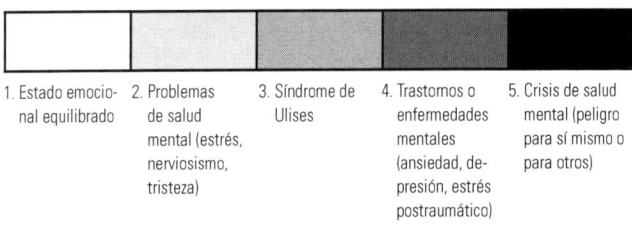

| 1. Estado emocional equilibrado | 2. Problemas de salud mental (estrés, nerviosismo, tristeza) | 3. Síndrome de Ulises | 4. Trastornos o enfermedades mentales (ansiedad, depresión, estrés postraumático) | 5. Crisis de salud mental (peligro para sí mismo o para otros) |

Es importante conocer las diferencias entre cada estado de salud mental porque para cada nivel o gravedad, la persona necesitará un nivel de intervención diferente.

Figura 11. (Fuente: libro de formación de las promotoras de salud de la Escuela de Salud Pública de la Universidad de Berkeley).

Prevención sí, hipocondrización no

Un viejo aforismo médico dice que la salud es un estado transitorio de bienestar que no presagia nada bueno: al final todos nos ponemos enfermos. Por eso, la prevención ha de tener una proporcionalidad, una racionalidad, no puede ser un absoluto que acabe generando más problemas que los que trata de resolver, algo que nuestra sociedad está olvidando cada vez más.

Ya se ha comentado en otro apartado que la racionalidad era algo que hoy se consideraba superado, amortizado, desfasado, ante el brillo que acompaña a la intuición y la emoción, que por lo visto deben ser nuestras guías en la vida. Pues bien, justamente ésa es la diana por la que entra la hipocondrización, a través de la irracionalidad, los miedos, fácilmente inducidos en relación a la salud. Y esta diana va asociada, por supuesto, a la enorme ausencia de formación en salud que padece la población. Por ejemplo, ¿por qué no se explica la racionalidad y desmitificación que ofrece el modelo evolucionista para el que la enfermedad no es un castigo, una amenaza o un mal bíblico, sino la consecuencia de la interacción de determinados factores de adaptación que se conocen hoy cada vez mejor y que, si son entendidos, con frecuencia pueden ser resueltos? La enfermedad es un accidente, un reto adaptativo.

Con la loable excusa de hacer prevención de las enfermedades, algo muy importante por supuesto, se está llevando a cabo una gran campaña de hipocondrización de la población: por ejemplo, una parte relevante de la publicidad versa sobre los riesgos de las enfermedades y los consiguientes productos para prevenirlas. Con la encomiable intención de protegernos, primero se nos mete el miedo en el cuerpo y luego se acude raudamente a ofrecernos el producto que puede salvarnos. (Un viejo procedimiento, por otra parte, bien conocido en otras áreas de la sociedad).

Es verdad que la declaración de la OMS de 1948 consagró la famosa definición de que «la salud es el estado de completo bienestar físico, mental y social, y no la mera ausencia de enfermedad». Esta frase guarda el bienintencionado propósito de integrar los aspectos psicosociales en el concepto de salud. Aquella definición se planteó en el contexto de la aparición de los sistemas públicos de salud y la descolonización, y tuvo como objetivo mostrar la importancia de mejorar las condiciones de vida de la sociedad. Pero a la larga esta idea se ha modificado, podríamos decir que su sentido se ha ido pervirtiendo, y se ha pasado a considerar que la salud es un absoluto por el que debe pagarse cualquier precio, paradójicamente aún a riesgo de la propia salud, como ocurre cuando para prevenir se toman pastillas con peligrosos efectos secundarios o se hacen indiscriminadamente repetidas pruebas exploratorias de riesgo.

El sistema dominante actual, fundamentado en la idea capitalista de la pelea de gladiadores, necesita tener siempre un enemigo al que eliminar o explotar. Como señala Sendín, las bacterias y los virus cumplen a la perfección este papel. Se ha de transmitir a la población el mensaje de que vive en permanente peligro, en guerra. «¿Ya has tomado tus defensas?», nos dice un conocido anuncio mostrando a alguien que justo acaba de levantarse de la cama. Esto es la guerra, «¡más madera!», que diría Groucho Marx.

Pues bien, apenas un 1% de los virus y bacterias nos son hostiles, y eso en determinadas circunstancias. Pero ya tenemos un enemigo exterior en la línea del Orwell de *1984*. Es sabido que nuestro cuerpo contiene más bacterias simbióticas con nosotros, que forman parte de nosotros mismos, que células. Nuestro ADN está constituido en gran parte por virus incrustados, que cumplen importantes funciones; pero aquí estamos instalados en la guerra a los virus y las bacterias para conseguir la asepsia total, la necesidad de mejorar siempre nuestras defensas. Las consecuencias, a parte del gasto sanitario innecesario y el miedo en que vivimos son, por ejemplo, el incremento de las alergias y la disminución de la respuesta inmunitaria. No hablemos ya a nivel psicológico, donde la confusión premeditada entre estrés y trastornos de ansiedad, duelo y depresión, etcétera, es algo masivo, como ya hemos señalado.

Sin embargo, en lo referente a la prevención de la enfermedad, se sabe que lo que más afecta a la salud es la pobreza, algo que está creciendo de modo exponencial en nuestra sociedad. Ahí debería radicar una parte muy relevante de la verdadera prevención, no en hipocondrizar. Hoy sabemos que tan sólo por vivir en un área pobre de un ciudad la esperanza de vida disminuye 10 años, o que vivir en la calle resta 20 años de vida. «La calle mata». Porque en la salud pesa tanto o más el código postal que el código genético.

Tipos generales de ayuda psicológica

En cuanto al afrontamiento de las situaciones estresantes, desde la perspectiva cognitiva y psicosocial se considera que hay dos grandes formas de intervención:

⇨ La intervención directa, que intenta cambiar las causas que originan los problemas, las situaciones estresantes. Esto no es fácil en el contexto de los inmigrantes y los refugiados, ya que son causas sociales estructurales.
⇨ La intervención indirecta; en este caso, es el sujeto el que intenta amoldarse a la situación para tolerar mejor la situación estresante: ayuda psicológica, psicofarmacológica, relajación, etcétera.

Dadas las circunstancias en las que se vive la migración en la mayoría de los casos, predomina la segunda estrategia.

Como ejemplo de este esquema: «Si estamos en una habitación, en la de al lado hacen mucho ruido, podemos ir a exigirles que dejen de hacer ruido o relajarnos. Tomar pastillas para que no nos afecte el ruido».

 Adecuación de la intervención psicofarmacológica

En los casos en los que el inmigrante, por padecer un trastorno mental, necesite de modo complementario a los tratamientos psicológicos, psicosociales y psicoeducativos tomar una medicación, se han de tener en cuenta los siguientes aspectos:

- Existen algunas diferencias de tipo interindividual y entre grupos humanos de diferentes partes del mundo en relación al metabolismo y la farmacocinética de los psicofármacos. Estas diferencias se hallan relacionadas especialmente con el sistema del citocromo P450, que constituye el mayor complejo enzimático involucrado en el metabolismo de los fármacos en nuestro organismo, ya que juega un papel fundamental en la fase oxidativa del metabolismo.
- En general, un porcentaje relevante de los occidentales son metabolizadores más rápidos de los psicofármacos. Pero no se pueden identificar estas diferencias metabólicas a nivel individual, sino tan sólo a nivel estadístico: sabemos que los orientales o africanos son metabolizadores más lentos, pero no sabemos si el paciente que tenemos delante pertenece a este grupo o no. Por lo tanto, se plantea ser prudentes con las dosis, algo que, por otra parte, siempre debería tenerse en cuenta porque también el autóctono puede pertenecer

al grupo de los metabolizadores lentos. La indicación es tener más prudencia al prescribir psicofármacos a los no occidentales (y a los occidentales).
- De todos modos, en los casos en los que el cuadro se halla ligado a la elaboración del duelo migratorio, como suele ocurrir en relación a otros duelos, autores especialistas en duelos cono Worden señalan que puede ser más útil el uso de ansiolíticos, dado que en esta etapa los antidepresivos pueden interferir sobre los sentimientos depresivos que son naturales en el duelo.

 Aspectos éticos

Los inmigrantes, en cuanto que personas y ciudadanos, tienen derecho a una atención sanitaria de calidad. Son fundamentalmente los servicios asistenciales los que deben entender y adaptarse a sus usuarios.

De la misma manera que un médico no puede alegar que no sabe cómo tratar una diabetes o una hepatitis, un profesional de la salud mental no puede alegar que no sabe cómo tratar a una persona que se encuentra afectada por vivir situaciones difíciles o posee patrones culturales diferentes. No basta con que diga que ya hace lo que buenamente puede. Estas actitudes denotan paternalismo y no es infrecuente verlas en los profesionales asistenciales. Estas posturas favorecen la dependencia (y, con ella, la infantilización) de los inmigrantes. Recordando lo que ya dijimos, el paternalismo es en realidad un modo de relación sadomasoquista ya que inferioriza al otro, impide que se desarrolle, ataca su dignidad. Además, las intervenciones de tipo paternalista tienden a acabar mal. El que pide se acostumbra a pedir y cada vez pide más, y el que da comienza a hartarse del que pide y a verle poco menos que como un parásito.

El paternalismo esconde ambivalencia, rechazo inconsciente, como la sobreprotección paterna.

También es importante trabajar con la población autóctona acerca de los prejuicios sobre la atención sanitaria a los inmigrantes y minorías.

Existen muchos «mitos» acerca de la atención sanitaria a los inmigrantes que señalan que consumen mucho, que suponen un gran gasto asistencial. Numerosos estudios han demostrado la falsedad de este mito, ya que los inmigrantes, en su mayoría personas jóvenes, aportan con su trabajo en los puestos laborales más duros de las sociedades de acogida mucho más de lo que reciben.

Esto es lo que recoge la película *Un día sin mejicanos*: que no se reconoce que los inmigrantes son imprescindibles para que las sociedades desarrolladas funcionen. En la película, una misteriosa nube rosa hace desaparecer a todos los mexicanos de California. Entonces todo se paraliza: las centrales eléctricas y con ellas los semáforos, los ordenadores, la producción de alimentos... todo deja de funcionar. Cuando finalmente la nube se va, los guardias fronterizos de «la migra» salen de nuevo a la caza de los mejicanos que cruzan la frontera, pero esta vez no para detenerlos, sino para darles la bienvenida y hacerles entrar a hombros en Estados Unidos: ¡sin ellos nada funciona! Esta película se halla en la línea de *Walkout* que recoge las protestas de los mexicanos en 1968 que les llevaron a conseguir toda una serie de derechos sociales.

En España, el mayor gasto sanitario proviene de los jubilados extranjeros. El 78% del gasto farmacéutico lo producen los jubilados. Además los inmigrantes valoran poco su salud; es la octava preocupación (Vázquez, 2005). Han venido aquí a ahorrar y enviar dinero.

Por último, los servicios asistenciales y sanitarios deben ser próximos al inmigrante y generarle confianza. Una premisa esencial del tratamiento es que se basa en decir la verdad, en la sinceridad, en la confianza —al menos la sinceridad consciente—. Los aspectos inconscientes, desconocidos para el propio sujeto, no entrarían en esta categoría. Pero al hacer referencia a la intervención con personas que se hallan en situación de estrés psicosocial y de exclusión social, se plantea la pregunta: ¿se debe decir la verdad a alguien que se percibe como hostil, perseguidor?

Hay inmigrantes a los que hemos conocido con varios nombres. En los centros de menores se han dado casos de chicos que han facilitado hasta 28 nombres, uno por centro en el que había estado internados. ¿Cómo tratar a alguien que no tiene confianza ni para darnos su nombre? No parece un inicio muy prometedor para el inicio de un tratamiento (y tampoco se debe suponer que todos los profesionales poseen unas habilidades terapéuticas extraordinarias). Obviamente, con este «ambiente» terapéutico no es fácil trabajar.

 Direcciones de interés

La Red Atenea, red de ayuda psicológica y psicosocial a inmigrantes en dificultades.

- Página web: www.laredatenea.com
- Correo electrónico: laredatenea2010@gmail.com
- Red Atenea España: sappir@fhspercclaver.org
- Red Atenea Reino Unido:
  n.liscano@telefonodelaesperanza.org.uk
- Red Atenea Alemania: mail@xochicuitcatl.de
- Red Atenea Bélgica: letireyes@gmail.com
- Red Atenea Francia: minkowska@minkowska.com
- Red Atenea Italia: SAL@gmail.com
- Red Atenea Japón: nelidatanaka@gmail.com,
  fisy@psy.meijigakuin.ac.jp
- Red Atenea México: im.eguiluz@gmail.com,
  doralaurapaniagua@gmail.com
- Red Atenea USA: mariaelena@humanamente.com

Bibliografía citada y recomendada

Achotegui, J. (1999.) «Los duelos de la migración: una perspectiva psicopatológica y psicosocial», en *Medicina y cultura*, E. Perdiguero y J. M. Comelles (comp.), editorial Bellaterra. Barcelona, págs. 88-100.
— (2002). *La depresión en los inmigrantes. Una perspectiva transcultural*, editorial Mayo, Barcelona.
— (2004). «Emigrar en situación extrema. El Síndrome del inmigrante con estrés crónico y múltiple (Síndrome de Ulises)». *Revista Norte de salud mental de la Sociedad Española de Neuropsiquiatría*. Volumen V, n.º 21, págs. 39-53.
— (2014). *Doce Características específicas del estrés y el duelo migratorio*, ediciones el Mundo de la Mente, Girona.
— (2010). *El Síndrome del Inmigrante con estrés crónico y múltiple - Síndrome de Ulises.*, 1a. ed., autoedición, Barcelona. (En preparación 2a ed., Ned ediciones, Barcelona.)
Beck, A. (1982). *Terapia cognitiva de la depresión*, Paidós, Barcelona.
Bennegadi, R. (2005). «Medical Anthropology and migration», XVIIIº World Congress of Psychiatry, Cairo.
Bowlby J. (1980). *La pérdida afectiva*, Paidós, Barcelona.
Caplan G. (1964). «Life events and psychiatric illness». *Journal of psychosomatic Research Engel*, G. 16, págs. 311-320.
Cyrulnik, B. (2002). *Los patitos feos*, Gedisa, Barcelona.
— (2015). *Las almas heridas*, Gedisa, Barcelona.
Coleman, C. (1988). *Fundations of social theory*, Belknap Press of Harward University, Cambridge.
Font, J. (1999). *Religión, psicopatología y salud mental*, Paidós, Fundació Vidal i Barraquer, Barcelona.

Freud, S. (1917) (1984). *Duelo y melancolía. Obras completas*, Biblioteca Nueva, Madrid, Tomo VI, págs. 2091-210.

Grinberg, L. y R. (1994). *Psicoanálisis de la migración y el exilio*, Alianza editorial, Madrid.

Hofstede, G. (1999). *Culturas y organizaciones*, Alianza editorial, Madrid.

Holmes, T. H. y Rahe, R. (1967). «The social readjustment rating scale», *Journal of Psychosomatic Research*, 11, págs. 213-218.

Horwitz, A. V. y Wakefield, J. C. (2008). *The loss of the sadness*, Oxford University Press, Nueva York.

I-Chao Liu, A. Cheng Li, Kirlbride J, y Jones P. (2010). *Migration and Mental Health*, Cambridge University Press, Cambridge.

Lazarus, R. y Folkman, S. (1986). *Estrés y procesos cognitivos*, Martínez Roca, Madrid.

Lutz, T. (2001). *El llanto. Historia cultural de las lágrimas*, Taurus, Madrid.

Páez, D. y Casullo, M. (comp.) (2000). *Cultura y alexitimia*, Paidós. Barcelona.

Schwartz, Sh. (1990). «Toward a theory of the universal content and structure of values», *Journal of Personality and Social Pshychology*, 53 (3), págs. 550-562.

Selye, H. (1956). *The stress of life*, McGraw-Hill, Nueva York.

Tizón, J.; Salamero, M.; Sanjosé, J.; Pellejero, N.; Achotegui, J. y Sainz, F. (1993). *Migraciones y salud mental*, PPU, Barcelona.

Vázquez, J. (2005). «Estudio de la Salud mental de una población en un área de Atención primaria en Almería», Ponencia en el VIIIº Congreso de la Asociación Andaluza de Neuropsiquiatría, Almería, Grupo de Atención al Inmigrante (SAMFYC).

Vega, W. A.; Kolody, B. y Aguilar-Gaxiola, S. (1998). «Lifetime prevalence of psychiatric disorders among mexican Americans», *Archives of Psychiatry*, septiembre, págs. 771-781.

Wingerhoest, A. J. J. M. et al. (2007). «Is there a relationship between depression and cryuing? A review», *Acta Psychiatrica Scadinavica*, Vol. 115, n.º 5, págs. 340-351